红岩联电
光耀巴渝

HONGYAN LIANDIAN

GUANGYAO BAYU

中共国网重庆市电力公司委员会党校 ● 编

中国电力出版社
CHINA ELECTRIC POWER PRESS

内 容 提 要

红岩精神是极具重庆地域特色的宝贵精神财富,也是长期根植于国网重庆电力的红色基因。书中内容以传承红色基因、弘扬红岩精神为主线,以历史事件和人物为脉络,深入挖掘和讲述重庆电力人传承红岩精神的革命事迹和奋斗故事,为企业党性教育、思想政治工作和企业文化建设等提供生动、鲜活的事例,与"忠诚担当、求实创新、追求卓越、奉献光明"的电力精神高度一致,旨在宣传社会主义核心价值观,进一步激发企业广大职工坚定理想信念,更好地把红岩精神弘扬在"人民电业为人民"新的赶考路上。

本书可供电力行业广大从业者阅读,也可供高校电气类专业师生作为课程思政内容学习参考。

图书在版编目(CIP)数据

红岩联电 光耀巴渝/中共国网重庆市电力公司委员会党校编 . —北京:中国电力出版社,2024.1
ISBN 978 - 7 - 5198 - 8571 - 7

Ⅰ.①红… Ⅱ.①中… Ⅲ.①电力工业－思想政治教育－研究－重庆 Ⅳ.①D64

中国国家版本馆 CIP 数据核字(2024)第 041432 号

出版发行:中国电力出版社
地　　　址:北京市东城区北京站西街 19 号(邮政编码 100005)
网　　　址:http://www.cepp.sgcc.com.cn
责任编辑:张富梅(010 - 63412548)
责任校对:黄　蓓　张晨荻
装帧设计:赵丽媛
责任印制:吴　迪

印　　　刷:三河市万龙印装有限公司
版　　　次:2024 年 1 月第一版
印　　　次:2024 年 1 月北京第一次印刷
开　　　本:787 毫米×1092 毫米　16 开本
印　　　张:12
字　　　数:210 千字
定　　　价:58.00 元

重庆是一块英雄的土地，有着光荣的革命传统。毛泽东同志在这里进行了决定中国前途命运的重庆谈判，周恩来同志领导中共中央南方局在这里同反动势力展开了坚决斗争，邓小平同志在这里领导中共中央西南局进行了大量开创性工作。重庆涌现了大批大义凛然、高风亮节的共产党人，如信仰坚定、不怕牺牲的赵世炎等人，英勇善战、屡建功绩的王良等人，坚贞不屈、永不叛党的江竹筠、王朴、陈然等人，严守纪律、勇于牺牲的战斗英雄邱少云，等等。解放战争时期，众多被关押在渣滓洞、白公馆的中国共产党人，经受住种种酷刑折磨，不折不挠、宁死不屈，为中国人民解放事业献出了宝贵生命，凝结成"红岩精神"。重庆要运用这些红色资源，教育引导广大党员、干部坚定理想信仰，养成浩然正气，增强"四个意识"、坚定"四个自信"、做到"两个维护"，始终在政治立场、政治方向、政治原则、政治道路上同党中央保持高度一致。

——习近平 2019 年 4 月 17 日在重庆考察工作结束时的讲话

（来源：《人民日报》2021 年 10 月 21 日，六版）

编　委　会

主　任　徐　韬

委　员　李政良　汤雪松　韦成国　付启刚
　　　　　杨　怡　陈建平　蔡　博

序
Foreword

习近平总书记说，"人无精神则不立，国无精神则不强。唯有精神上站得住、站得稳，一个民族才能在历史洪流中屹立不倒、挺立潮头。"

重庆是红岩精神的发源地。在这块英雄的土地上，以毛泽东、周恩来为代表的中国共产党人，为争取民族独立和人民解放进行了艰苦卓绝的革命斗争，展现出了共产党人和革命志士坚如磐石的理想信念、和衷共济的爱国情怀、不折不挠的凛然斗志、坚贞不屈的浩然正气，培育、锤炼和凝结成了伟大的红岩精神。

精神之火，光耀千秋。红岩精神根植于伟大建党精神，是中国共产党人精神谱系的重要组成部分，也是重庆鲜明的红色标识和精神符号，深深影响了一代又一代重庆电力人。在抗日战争和解放战争期间，以电力工人为主体的"怒吼剧社"应运而生，"以戏为炮、以剧作刀"，在中国共产党的领导下广泛开展抗日救亡宣传，为抗战胜利贡献了重要力量。许建业、刘德惠、何敬平、刘祖春、周显涛等电力先烈们用一腔为国为民的热血，在艰难的岁月里前赴后继开展革命斗争，面对高官厚禄的利诱招降和种种酷刑折磨，始终坚定信仰、宁死不屈，树立了光辉的典范。

弦歌不辍，薪火相传。新中国成立以来，特别是设置重庆直辖市以来，重庆电力人将"红岩精神 电力传承"融入时代需求，坚定不移联初心、举好旗，以高质量党建引领企业高质量发展；坚定不移联发展、建好网，实现重庆电网由小到大、由弱到强的历史跨越；坚定不移联责任、供好电，为重庆市经济社会跨越发展提供了坚强电力保障；坚定不移联使命、服好务，在攻坚急难险重任务、助力脱贫攻坚、服务保障民生等方面走在前列备受赞誉；坚定不移联传承、育好人，培育了一支"特别顾大局、特别能战斗、特别能吃苦、特别能奉献"的电力铁军，交上了一份不负时代、不负人民的优异答卷。

坚定信仰，勇毅前行。进入新时代，习近平总书记多次对红岩精神和重庆红色资源利用发表重要讲话，为新时代研究阐释弘扬红岩精神，传承红色基因指明了方向。结合学习贯彻习近平新时代中国特色社会主义思想主题教育，我们组织编写了《红岩联电　光耀巴渝》一书，以传承弘扬红岩精神为主线，以历史事件和人物为脉络，深入挖掘和讲述重庆电力人传承红岩精神的革命事迹和奋斗故事，为公司党性教育、思想政治工作和企业文化建设等提供更加生动、更接地气的鲜活教材，进一步激发公司广大职工感党恩听党话跟党走，坚定理想信念，养成浩然正气，更好地把红岩精神弘扬在"人民电业为人民"新的赶考路上，努力为全面建设社会主义现代化新重庆作出新贡献。

编者

2023 年 12 月

目　录
Contents

序

● **第4章 奉献光明：联使命·服好务**

● **第5章 逐梦前行：联传承·育好人**

后记

第1章

红色基因：联初心 · 举好旗

重庆朝天门夜景

初心不改，历久弥坚。

早在 1908 年，重庆电力先辈们就开展了中国电力工人第一次有组织、独立开展的罢工斗争，在工人运动史上留下了不朽印记。1937 年"七七事变"后，以重庆电力人为骨干的"怒吼剧社"应运而生，一声声抗日救亡的怒吼响彻整个山城，号召动员全市人民爱国团结、奋发图强；面对日寇大轰炸的暴行，重庆电力人英勇顽强、奋起抗争，创造了愈炸愈强、逆势增长的奇迹；中共中央南方局成立后，重庆电力人找到了"主心骨"，成立了第一个党支部，有组织地开展了"胡世合运动""护厂运动"等革命斗争，掀起了国民党统治区民主运动的新高潮，打赢了保卫工厂、迎接解放的"光明守卫战"，彰显了重庆电力人不折不挠的凛然斗志和坚贞不屈的浩然正气。

习近平总书记告诫我们，"无论我们走得多远，都不能忘记来时的路。"重温这些峥嵘岁月和红色往事，感受党领导下的重庆电力人一路披荆斩棘、走向新生的奋斗脉搏，就是要在谱写中国式现代化电力篇章的新征程上坚定铁一般的信仰、锻造铁一般的担当，更好地担起党的嘱托和人民的期待。

怒吼震山城　火种遍渝州

1937 年 7 月 7 日，卢沟桥的枪炮声，成了中华民族总动员的号角，揭开了全国抗日战争的序幕。

在白山黑水间，首先点燃的抗日烽烟，立即燃遍长城内外、大江南北、黄河两岸，整个中华大地到处都是抗日的怒火。

在重庆，抗日的怒火变成了"怒吼"。

怒吼震山城

"怒吼" 唤醒民众

1937 年 9 月 15 日，"七七事变"不久，在中共中央南方局的领导下，中共党员陈叔亮和重庆电力工程师余克稷号召报社编辑、教师、电力职工等社会各界人士五十余人成立了重庆第一个业余演剧团体——怒吼剧社（剧社的三分之二成员都是电力职工）。陈叔亮和余克稷为主要负责人。给剧社取名怒吼，就是想以戏剧为武器，宣传抗日救亡，唤醒还在"沉睡"的民众，激发重庆儿女的抗日救亡热情，动员民众积极投身抗战洪流，坚定必胜信念。

同年 10 月 1 日，剧社首部剧目《保卫卢沟桥》在重庆国泰大剧院开演。《保卫卢沟桥》由赵铭彝、余克稷、陈叔亮联合导演，演员全为剧社成员。从 10 月 1 日至 8 日连演三场后，又应观众要求加演一场。四场演出，场场满座。《保卫卢沟桥》揭露了日本军阀凶残的侵略行径，展示抗日战士大无畏的牺牲精神。舞台上，演员们大声呼喊"打倒日本帝国主义"口号。舞台下，观众同仇敌忾、热血沸腾，演出大获成功，首开山城进步剧社的先河。

当时的《新蜀报》剧评称其为"重庆有真正的演剧，那是以怒吼剧社公演为历史纪元"。

《保卫卢沟桥》演出后，重庆青年纷纷要求入社。重庆秘密救国会负责人漆鲁鱼（失去联系的共产党员）向剧社提出扩大抗日宣传到农村的要求。陈叔亮和余克稷便组成怒吼剧社街村演剧队。演剧队从成立到1939年5月约两年半时间里，到乡镇宣传50余次，活动范围遍及江北、南岸的数十个场镇，还到过百余里外的北碚、合川。教、唱抗日歌曲数十首，演抗日独幕剧数十出，用四川话演话剧获得很大成功。还采用讲演、标语、漫画、墙报、家庭访问等方式深入开展抗日宣传。在合川文峰场的一次演出中，正下大雨，结果还是吸引了两千余观众站立雨中看了两个多小时的演出。

1938年10月10日，重庆开展了有史以来规模最盛大的戏剧活动。怒吼剧社和中华全国剧协联合流亡到重庆的上海业余剧人协会、四川旅外抗敌剧社、中电剧团、怒潮剧社、国立剧专、复旦剧社、青年剧社等二十五个演出团体，在重庆举办了第一届戏剧节，演出剧目数十种，吸引观众十余万人。为了给前方将士筹款缝制寒衣，戏演会举行了七个晚上的"五分公演"（五分钱一张票），观众极为踊跃。特别是压轴戏《全民总动员》，演出阵容之强首届一指，将戏剧节推向高潮。票房收入全部捐献给前线将士。

接受党的领导

周恩来同志领导的中共中央南方局对怒吼剧社热情关心、大力支持。《保卫卢沟桥》剧演出后，陈叔亮与中共重庆市工作委员会接上关系，党通过陈叔亮领导剧社。1938年上半年陈叔亮去了延安。

1938年7月，剧社成立了党支部，在剧社成员中发展党员，仅重庆电力公司职工在剧社入党的就有罗从修、孙家新、张治源、何笃睦等人。余克稷虽不是党员（解放初期余克稷在天津入党），但他能自觉为党员保守秘密，并尽力给他们以帮助，中共川东特委青委书记荣高棠需要掩护的社会职业，余克稷将他安排在自己负责的电力公司业务科做抄表员。《新华日报》党员干部王拓等奉命转移，余克稷就介绍他们去成都工作并资助费用。在党支部领导下，余克稷为发展全社做了不少工作。

剧社党小组，经常研究剧社中的思想情况，讨论如何对进步青年进行教育、培养、发展，发起成立电力公司职员工会、学术励进会、读书会，开办职工业余夜校（刘德惠为校长、余造帮为副校长）。

后来，在其他单位入党的剧社成员也把党的关系转到了剧社，如著名演员张瑞芳，她在中共中央南方局青年工作委员会入党后，也编入剧社过组织活动。剧社党员最多时有 20 余人。此后，周恩来一直通过张瑞芳等人了解剧社活动情况，及时给予指导和帮助。剧社党支部通过党员和进步社员余克稷等人，坚持抗日救亡的正确方向，大力组织开展抗战戏剧或歌咏活动。

1939 年初，国民党反共加剧。1941 年"皖南事变"后，张瑞芳由中共中央南方局书记周恩来直接联系。周恩来指示张瑞芳保持怒吼业余剧社成员身份便于选择剧目。张瑞芳虽然先后被中华剧艺社、中国艺术剧社等单位借调，演出了进步话剧多场，成为蜚声重庆的话剧"四大名旦"之一，却始终是怒吼剧社成员，直至抗战胜利后离开重庆。在渝七年多的时间里，张瑞芳共演出话剧 24 场，这是她艺术生命的黄金时期。她说："半个世纪以来，我填过无数次履历表，怒吼剧社在我履历中占着重要的位置。"

"怒吼"抗战书传奇

怒吼剧社成立后，面临重重困难。余克稷是一位热心为抗战戏剧做奉献的人，在他负责剧社的 8 年时间里，发挥了重要作用，并成为抗战剧坛活跃人物。

余克稷的业余时间常常这样度过：每周从星期一至星期六的晚上来剧社为剧演队排戏，星期日（或节假日）带剧队到街头或逢场的乡镇演出。他和大家一大早来到剧社，一道排队步行，还要背着服装道具和化妆用品、自用食品等，社员们表现得很自觉，给当地农民留下很好的印象。

为了提高社员演剧水平，余克稷组织大家参加国立戏剧专科学校暑期战时戏剧讲座学习，听戏剧家们讲课，每晚一讲，历时半月，社员学习十分努力。后来余克稷又举办过一次讲座，专门对社员进行戏剧理论教育。演剧队上演的几十出独幕话剧，大部分由他导演。他还带领演剧队参加城市舞台演出。《女英锄奸》《死里求生》《林中口哨》是演剧队常演的戏，之后成为群众中广为流传的剧目。他还带头参加义卖献金活动，并谱写了一首《义卖歌》。

剧社经费自筹，常常入不敷出。余克稷工资较高，经常默默地贴补剧社，无法计数。据社员估计，他至少用去每月工资的一半贴补剧社。在排演《保卫卢沟桥》时，余克稷就带头捐了上百银圆，购买木材、凡士林、硬脂酸等用来作布景和化妆油彩。

在后续演出时，余克稷又发挥了更大的作用。

抗战期间电力紧张，话剧经常演着演着就停电了。余克稷的本行是重庆电力公司总工程师，他专门为各个剧场保证供电，保证不停电。即使有时停电了，观众晓得有余克稷在，马上就会供电，也不会喊退票。余克稷成为解决停电困难的"及时雨"，他因为这些德行懿事，博得"爱国工程师""好人余克稷"的美名。余克稷竟然成了票房的保证之一。

1943 年春，中央青年剧社排演《安魂曲》，张骏祥邀余克稷任演出者，怒吼剧社为演出单位。余克稷毅然承担重任，使《安魂曲》通过审查，并八方奔走筹集了巨款。演出获得极大成功，教育家陶行知观剧后，激动万分，"眼泪像泉水一样地涌流出来"，随后连夜派人送信去百余里外的育才学校，组织男生步行、女生乘船，还背着干粮和铺盖卷，连夜赶来看了最后一场演出，支持抗战艺术。

此后十余年间，怒吼剧社一直奋战在文艺界抗日救亡运动第一线，积极开展抗日救亡宣传活动，排练演出了《黑地狱》《民族万岁》《全民总动员》《安魂曲》《牛郎织女》等多部剧目。演出收入除维持剧社正常运转外，全部捐献给抗战一线。期间，余克稷为剧社呕心沥血，贡献了全部业余时间和一半工资。周恩来对余克稷的爱国行为十分赞赏，曾亲自送给他一支钢笔。

1949 年 11 月 30 日，重庆解放后，怒吼剧社更名为"新中华剧社"。1950 年，剧社解散，一段可歌可泣的重庆电力红色历史圆满谢幕。

"怒吼剧社"恢复成立

2021年6月24日，作为党史学习教育活动的重要组成部分之一，中共重庆电力公司党委决定恢复成立"怒吼剧社"，编排了情景剧《怒吼之城》，重现了何敬平铁窗诗篇、护厂运动、胡世合事件，展示了在重庆革命斗争史和红岩精神的形成过程中，电力英烈们留下的可歌可泣的红色故事和伟大精神。先辈们坚守的理想信念代代相传，成为奋进新时代、建功新征程的力量源泉。

（来源：上游新闻2021年6月24日）

国内首部电力题材电影《怒吼》上映

2023年4月22日，由重庆电力公司与重庆好故事影业共同打造的，国内首部电力题材红色院线电影《怒吼》在重庆英嘉国际影城举行首映。该影片取材于抗日战争时期和解放战争时期发生在重庆电力公司的真实历史事件，将当年的胡世合惨案、护厂运动、在11·27大屠杀中殉难的电力职工何敬平烈士等真实事件融入其中，在风起云涌的时代背景下，上演了一出反映革命先烈顽强斗争，推动抗日救亡运动掀起高潮、誓死保护重庆电力设施免遭破坏的年代大戏，令人荡气回肠。公司200多名职工在电影中担任群众演员，剧组全体成员克服高温酷暑，历经28天完成了拍摄。首映后，该影片还陆续登陆央视六套、爱奇艺、腾讯等平台放映。

（来源：华龙网2023年4月23日）

英勇防轰炸　供电创奇迹

今后无论在任何困难的环境下，国防工业与生产工业之电力供给决不辍断一日。

——时任重庆市电力公司总经理刘航琛

抗日战争全面爆发后，国民党政府于 1937 年 11 月 20 日，宣布移驻重庆。重庆成为中国战时首都，成为大后方的政治、军事、经济和文化中心。日本军国主义为了实现吞并中国的罪恶野心，对重庆实施了长达五年多的野蛮、残暴、全方位的密集轰炸，造成了巨大的人员伤亡和财产损失。

电力工业是国家重要基础产业和社会公用事业，关系国计民生、千家万户，自然是日本飞机轰炸的重点目标，屡遭轰炸，损失十分惨重。

面对敌人的狂轰滥炸，重庆电力员工积极响应中共中央关于"建立抗日民族统一战线""实现全民族抗战"的伟大号召，喊出了"誓死不停电"的最强音。在重庆电力公司中共党员和进步职工的大力推动下，英勇不屈，不畏强暴，坚持开展反轰炸斗争。

电力设施屡遭轰炸

电力设施大都暴露在外，目标十分明显，其中电厂尤其明显，成为日军轰炸的重点目标。

重庆电力公司大溪沟电厂是当时市区唯一的电厂，该厂建成于 1934 年 7 月，原只有 3 套 1000 千瓦发电机组，抗日战争爆发后电力需求不断增长，为此重庆电力公司决定向英国购买 4500 千瓦汽轮发电机组 2 套，先后于 1937 年 12 月和 1938 年 1 月建成发电。装机容量达到 12000 千瓦，是当时西南、西北大后方的最大火电厂。该厂有高大的厂房和烟囱，又处在市区嘉陵江畔的大溪沟，因而经常被轰炸。

除市区电厂外，当时重庆防空警备区所辖县市的电厂也屡遭轰炸。1939 年 6 月 28 日，奉节县明明电灯公司 172 千瓦发电机组，被全部炸毁，造成公司停业。1940 年 8 月 2 日，璧山县城兴记电灯厂 50 千瓦机组被全部炸毁。1941 年 8 月 22 日，内江华明电厂驻市区临江路办事处被炸，电表、线路损毁。此外，万县（今万州）、涪陵、长寿、梁平、綦江等多地电厂也被轰炸。

除电厂外，每次轰炸，供电设施同样必遭毁坏。供电设施尤其是供电线路均高空露天架设，且遍及全市街巷、乡镇、居民住宅和机关、企事业单位，因而市内每次被日军轰炸，供电设施都要遭到不同程度的损毁。

1939 年 5 月 3 日、5 月 4 日的连续大轰炸，重庆市区就有七星岗、会仙桥（今民族路）、都邮街（今民权路）、菜园坝、陕西街等 56 条街巷被炸，这些街巷的供电设施都遭到损毁。1940 年 8 月 19 日，敌机 137 架，分四批轮番轰炸，重庆市区上清寺、中二路、中三路、磁器街、较场口等 80 条街巷被炸，140 条供电线路被炸断，50 条线路被烧毁；市区中心较场口供电分站（开关站）被炸，供电设施全部被燃烧弹烧毁，是损失最惨重的一天。

日军的长期轰炸给重庆电力工业造成十分惨重的损失。据重庆电力公司先后两任总经理刘航琛、浦心雅在 1939 年 1 月 15 日至 1943 年 9 月 8 日期间，向重庆市防空委员会、重庆市政府报送的 92 个《重庆市电力股份有限公司大轰炸财产损失报告》统计，因日军大轰炸造成的财产损失总计高达 13.09 亿元（法币），居全市各大企业之首。

坚韧顽强保供电

日军的残暴轰炸，不但没有吓倒重庆电力公司员工，反而激起了他们抗日救亡的爱国热情，增强了反轰炸的斗争意志。他们不屈不挠，机智果敢，沉着应对。采取分散隐蔽、靠山进洞的方法，转移保护电力设备，避免敌人炸毁；组织抢修队伍，做好应急准备，冒险抢修电力设施，确保电力供应。

为保护电厂设备，减少轰炸造成的损坏，重庆电力公司按照国民党政府的要求，决定将大溪沟电厂的大部分发电机组，分迁于市郊各区，靠山进洞，隐蔽发电。

早在 1939 年 1 月，重庆市电力公司就在市郊南岸弹子石新建厂房，于 1939 年 6 月，将大溪沟电厂 2 套 1000 千瓦汽轮发电机组，迁建于弹子石，作为"应急电厂"，厂名为重庆电力公司第二发电厂。同年 8 月 9 日恢复发电，主要供南岸地区用电。

1940 年 1 月，重庆电力公司又按国民党政府军政部的要求，将大溪沟电厂的一套 1000 千瓦的汽轮发电机组转让给地处市郊江北的第 21 兵工厂，既疏散隐蔽，又保证了兵工企业的用电。

1940 年 6 月，大溪沟电厂两次中弹，主变压器等设备被炸坏。按国民党政府指令，重庆电力公司决定拆迁 4500 千瓦汽轮发电机组一套。同年 8 月 5 日，将机组设备全部拆装打包上船，运至鸡冠石一带江上隐蔽；8 月 10 日，第一兵工厂让出鹅公岩两个山洞，作为洞内厂房之用。但山洞容量不足，必须扩大洞容量至原洞容量的 3 倍（高 55 英尺、宽 35 英尺、长 100 英尺），其中烟囱必须穿过石层，由下而上开凿，更是费工费时，十分艰巨。到 1942 年 4 月，拆建机组才建成发电，历时一年又十个月。厂名为重庆电力公司第三电厂，是当时我国最大的山洞电厂。电厂一路以 5.25 千伏线路供电化龙桥、沙坪坝地区；另一路经升压后，用 13.8 千伏线路送电至李家沱一带。

至此，大溪沟电厂仅留有 4500 千瓦机组一套，供市区用电。厂名改为重庆电力公司第一电厂。该厂还用钢筋水泥加固厂房，并安装保护设备，以减少敌机轰炸可能造成的损失。

由于采取上述疏散隐蔽保护的有效措施，重庆电力公司第二、第三两个电厂在重庆大轰炸期间均安然无恙，稳定发电；而地处市区大溪沟的第一电厂，虽遭连续轰炸，仅有的 1 套机组曾被炸坏，但在连续三昼夜抢修后即恢复发电。

除抢修被轰炸的电厂外，重庆电力公司沉着应对，还组织了一支以电力检修工人为主体的 1000 多人的电力防护抢修大队；制定了防护抢修组织和技术措施；准备应急抢修的电力备品、备件和物资。研究决定了四条"抢修"原则：①轰炸后立即抢修，尽快恢复供电；②用户房屋设施完善，需用电者，立即抢修，当日恢复供电；③用户房屋设施已炸毁，不需用电者，暂不抢修；④供电设施严重损坏或抢修所需设备、物资短缺者，暂缓抢修。坚决执行这四条原则，使大轰炸下的电力抢险、抢修工作，有准备、有秩序地高效进行，取得了反轰炸斗争的胜利。

1940 年 8 月 19 日，重庆市区两路口、较场口等 80 多条街巷被炸，190 多条高低压线路毁损。轰炸警报刚解除，重庆电力公司防护抢修大队的 1000 多名电力员工立即冒着生命危险，进入烈火熊熊、房屋设施不断倒塌、烟尘遮天蔽日的被炸街道，开展损坏电力设施的抢修，3 小时内就修复数十条供电线路，使被炸的大部分街区恢复供电，重放光明。

1941 年 6 月 12 日，日军飞机对重庆电力公司第一电厂（大溪沟电厂）实施野蛮轰炸，该厂仅留的一台锅炉和一套 4500 千瓦汽轮发电机组被炸

大溪沟电厂发电机组

坏，公司防护抢修队和全厂员工共 600 多人，连续三天三夜，奋力抢修，终于修复被炸发电设备，立即发电，向市区用户供电。

愈炸愈强创奇迹

面对日军飞机轰炸造成的巨大经济困难，重庆电力公司员工迎难而上，采取积极有效措施，努力克服困难。重庆电力公司及所属单位，大力加强经营管理，提高经济效益，减少消耗，降低生产成本，减少企业亏损；对大轰炸中遭到损坏的设备和物资尽可能修复、

利用，减少损失；向当时的中央信托局购买线路设备和房屋财产的保险，获取保险赔付，减少财产损失；根据逐年物价水平，申请提高电价，抵消成本的提高。通过上述措施，缓解了亏损的困局。

同时，针对人口外迁的局面，重庆电力公司积极扩大郊区供电范围，同样有效缓解了亏损的困局。1937 年前，重庆电力公司供电范围仅限于主城区及江北、南岸的部分地区，用户以照明为主，企业动力用户很少。1936 年仅有动力用户 39 家，用电量 154 万千瓦时，约占全市售电量 489 万千瓦时的三分之一。抗战爆发后，沿海大批企业、机关、学校迁入重庆，其中仅迁入工厂就达 243 家，加上原有企业和新建企业，1940 年工业企业就增至 1690 家，工人达 20 万人；按户籍人口统计，从 1936 年的 44 万人，增至 1941 年的 70 万人，还有大批流动人口和江边船户未统计。大批内迁企业、单位沿两江四岸向市郊延伸，郊区人口增加。大轰炸开始后，市区人口向郊区疏散达 25 万人。这使得重庆郊区人口进一步增加，企业用电和居民用电需要大增。

为此，重庆电力公司从 1937 年起就在扩建发电设备的同时，逐步扩建供电设施，以扩大外送电力的能力。1937 年新建大溪沟到沙坪坝 13.8 千伏高压线路，向沙坪坝地区供电；同时，延伸江北、南岸的供电线路，扩大两个地区的供电范围。1938 年，继续扩建供电线路，供电区域扩充到鹅公岩、新开寺、磁器口、歌乐山、郭家沱、九龙坡、李家沱、青草坝、汪山、黄山等地，供电范围达到 40 平方千米，供电线路 200 多千米。以后又根据用户的需求，继续扩充外延，满足用电需求。

随着内迁企业的增多，工业用电大幅增加，重庆电力公司于 1939 年决定扩建电厂，向银行贷款，订购英国公司 4500 千瓦汽轮发电机组一套。1940 年 6 月，设备运至越南海防时，被日军掠夺，而无法实现。只好每年都向第 24 兵工厂、第 50 兵工厂、中央造纸厂等企业自备电厂购买电力 3000～3500 千瓦，以弥补电力的缺口，尽力满足用电的需求。

在外购电力后，供电缺口仍达 5000 千瓦左右。重庆电力公司按照"抗战第一"的要求，决定首先保证军事用电、民防用电和兵工企业用电的需求，在电力不足时对一般企业实行限电，居民分区停电。

由于采取以上有效措施，重庆电力公司克服了日军轰炸、封锁造成的种种困难，不仅没有大停电，售电量还不断增长。从1936年的489万千瓦时，增加到1944年4897万千瓦时，增长了10倍。其中，生活用电量从1936年的283万千瓦时增加至1944年的1633万千瓦时，增长了4.77倍；企业动力用电量从1936年154万千瓦时，增加至1944年3263万千瓦时，增长了20.19倍。这在战时中国各大城市供电中是一个奇迹，在世界各国中也是罕见的。

📖 **延伸阅读**

保电壮举广受好评

重庆电力公司员工在反轰炸斗争中的坚韧奋发精神和作出的重大贡献，获得了重庆市政府的肯定和奖励。

1940年5月29日，重庆市政府决定对全市供水工人、电力工人、工人服务队、清洁大队、工务局道班等社会公用服务事业员工，发放"犒赏金5万大洋"，以奖励他们在大轰炸下坚持社会服务事业的贡献。

1940年7月19日，重庆市政府决定奖给重庆电力公司抢险抢修大队员工1000元的奖励慰劳费，以奖励他们在大轰炸抢修中英勇不屈的精神和重要贡献。

重庆电力公司职工在获知重庆市政府的奖励后，认为在敌机空袭之下，"从事抢修，系应尽之责"，先是准备把奖金全部退回。但市政府认为，退回奖金，与政府颁布的有关奖励空袭救护出力人员的政策不符，也不利于日后的空袭救护工作，坚持给奖。在此情况下，重庆电力公司的职工们认为，政府的奖励，只能更好地服务于救护工作。于是重庆电力公司决定将市政府奖励的1000元、抗敌慰劳会奖励的173元及毛巾173条，交职工讨论其使用办法。最后经过大家讨论，决定除"以国币683元购置毛巾360张，八卦丹40打"，发给每个职工，以表达领受"政府嘉勉而更应自励之意"外，余款490元全部捐作"儿童保育院经费"，并于7月19日以全体职工的名义呈文市政府，表达此意，同时将余款490元上交市政府，"敬祈代为转交"。市政府收到呈文和款项后，于7月30日将余款代转儿童保育院，同时对该公司的大义之举，也是"堪加嘉许"。

《新华日报》在 1940 年 8 月 19 日的报道中赞扬说："使人兴奋的是那些英勇的电力工人仍是不避艰苦，警报解除后马上出动恢复被毁线路，炸后三小时内电灯即已恢复，实为灾难中足以告慰国人者。"该报在 8 月 20 日的社论中又评价说："前日大火之后，电线毁损，但在修理电灯的员工努力之下，三小时后，全市重见光明。这是何等的大忠大勇精神。"

《国民公报》在 1940 年 8 月 31 日的社论《新重庆在孕育中》中，颂扬"重庆军民坚韧奋发，不怕轰炸的精神"和"重庆各界在废墟中建设新重庆的精神"。社论强调说："重庆公用事业如电力厂及自来水厂虽迭遭敌寇轰炸，因为一切都早有准备，始终未能断绝供给。国防工业及各项生产事业的工作，因而未曾停顿；生产力毫不受其影响，不但未减少，反而有增加的趋势。由此可见各方协力一致，努力建设的收获。"

齐心抗暴行　民主大胜利

嘉陵江畔，红岩革命纪念馆巍峨矗立。

在一个玻璃柜里，存放着一件一级文物原件——《胡世合工友纪念册》。

胡世合，何许人也？他与工友们有什么样的故事呢？

翻开《胡世合工友纪念册》，粗糙的纸张、斑驳的字迹，是当时诸多油印小册子中，唯一保存下来的一本，是一段永不磨灭的革命斗争史。

取缔非法窃电却惨遭特务杀害

在 20 世纪 40 年代，重庆电力公司是地方势力和银行家控股的民营电力企业，负责重庆市区和近郊的电力供应。重庆电力公司的发电能力仅 1.1 万千瓦，而实际需要电力 1.8 万～2 万千瓦。在供电不足的情况下，国民党政府各级军政官员和军警宪特竟不顾市民和工厂的用电需求，到处私拉乱接电线、猖狂窃电，不仅给重庆电力公司带来重大经济损失，还常常导致变压器、线路被烧，造成大面积停电。为此，重庆电力公司业务科用电股成立了"窃电取缔组"，专门调查和取缔私自接线偷电行为。

1945 年 1 月 24 日，安装在重庆市区大梁子的变压器由于负荷过重被烧坏，原属该变压器供电的中韩文化协会饮食部却将电源私自移接在都邮街的变压器上强行用电。

2 月 19 日，重庆电力公司"窃电取缔组"派刘振基、胡世合、吴兴方、张光荣等工人前往该部，指出其非法窃电行为，并将私接线路剪除，不料遭到毒打和关押。在工人强烈抗议和重庆电力公司交涉后，胡世合等人才获释放。当晚，中韩文化协会饮食部又将电线自行接上，继续违章用电。中韩文化协会饮食部蛮横的窃电行为，引起重庆电力公司用电股股长、工程师章畴叙和电力工人的强烈不满，他们一致主张坚决取缔。

2 月 20 日上午，章畴叙又派刘振基、胡世合、吴兴方、张光荣前去剪线。为避免意外，他们请都邮街第二警察分局派警察协同交涉。当他们到达中韩文化协会饮食部时，碰巧遇见重庆市警察总局保安队长官数人，二分局的警察旋即离开。

随后，胡世合爬上电杆准备剪线，餐厅楼上的人即丢下凳子、餐具暴打工人。接着，特务江德茂率领武装保安队警察 20 多人对四名电力工人包围毒打，并将他们非法逮捕押往重庆市警察总局。行至民国路口时，中韩文化协会饮食部经理、重庆市警察总局侦缉队军统特务、号称"九妖十八怪"之一的田凯跑来，掏出手枪击中胡世合腹部。胡世合因未被及时医治，流血过多而亡。电力工人将胡世合的遗体安放在饮食部楼上，在此设立灵堂进行公祭，并强烈要求当局严惩凶手。

重庆电力公司工人得知胡世合惨遭杀害的消息，无比悲痛、义愤填膺。地处城区大溪沟电厂的 200 多名工人立即乘坐三辆卡车来到都邮街，与重庆电力公司业务科 300 多名工人会合后，一同前往中韩文化协会饮食部，要求其负责。市郊的弹子石电厂、鹅公岩电厂和重庆电力公司江北、南岸、沙坪坝办事处的工人也纷纷停工，抓起火钩、扳手、榔头、钳子赶到饮食部，要求为工人兄弟报仇申冤。重庆电力公司用电股立即油印传单，按照电力用户卡片地址邮寄到全市机关、工厂、学校，呼吁社会各界主持正义。民众闻讯后，纷纷涌到杀人现场，高呼口号："特务杀人，国法何在！"前往声援的各界群众约五万人。

在中共中央南方局领导下反特抗暴

胡世合惨案发生后，重庆电力公司中共地下党员周力行即向中共中央南方局和重庆市工委汇报情况。当时，主持中共中央南方局工作的王若飞及时发电报请示在延安的周恩来。周恩来明确指示："要当机立断，抓住已经激起公愤的胡世合惨案，发动一场胜利的斗争，打击国民党的嚣张气焰，为大后方民主运动的高潮开辟道路。"

根据指示，中共中央南方局成立了专门指挥机构，由王若飞统一领导，青年组组长刘光负责关注运动发展态势，张黎群负责组织联络，周力行负责重庆电力公司内部工作。同时，中共中央南方局给重庆各级地下党组织作了布置，对如何发动群众和上层人士，如何掌握有理有利有节的策略原则等，都有明确指示。王若飞还在特园召开的由民主党派和进步人士参加的会议上，通报了惨案经过及中共对惨案的态度。

在中共中央南方局的领导下，重庆电力公司的地下党立即行动起来，由周力行、刘德惠、邓兴丰等人组成临时指挥小组。周力行以用电股职员身份，对国民党中统控制的重庆电力公司产业工会副理事长杨秀蓁做工作，请他以工会的名义为胡世合申冤，主持公道。杨秀蓁因是用电股线路工人出身，且管理胡世合等工人，当即应允。

之后，杨秀蓁主持召开全体职工紧急会议，组织了"胡世合事件申冤后援会"。会议推举杨秀蓁、周力行、刘振基等为代表，在重庆电力公司举行记者招待会，报告惨案经过；建议找律师向报刊发表《重庆电力公司全体职工为中韩文化协会饮食部非法接电并公然聚众暴行枪击本公司执行业务人员致死，敬向社会人士吁请主持正义启事》。胡世合的家属也发出《为家主重庆电力公司工人胡世合遭暴徒枪杀毙命殉职，泣请社会人士主持正义代为伸冤启事》。同时，受害工人代表向国民党政府提出五条要求：一、立即将凶手、特务田凯在肇事地点枪决；二、以帮凶罪惩处伙同行凶的警察局保安队员；三、保障电力公司职工今后的自由和生产安全；四、受害工人胡世合的善后抚恤问题应由中韩文化协会饮食部完全负责；五、以上要求希两天内答复。

在中共中央南方局青年组的指导帮助下，刘德惠、何敬平连夜起草了《为惨杀重庆电力公司工友胡世合事件向各产业工友们各界同胞们控诉》，控诉书进一步提出八项要求：一、枪毙杀人凶犯——特务分子田凯；二、严办江德茂、吴汉治，封闭中韩文化协会饮食部；三、惩办参加行凶的保安队员及其长官；四、抚恤遗族，赔偿医药费；五、要求政府通令各工厂停工五分钟为死者致哀；六、要求政府维护公共事业，保障战时生产，禁绝偷电行为；七、要求政府保障工人工作自由，重申保护劳工的法令；八、要求政府切实保障人身自由，实行民主，取消特务。

这份控诉书除重庆电力公司职工自行散发外，还先后用七种油印版印成2000余份传单，散发到全市各工厂、学校、机关团体和市民手中，使惨案的真相迅速传遍山城。

胡世合运动取得胜利

一夜之间，山城愤怒了，大家奔走相告，全市人民和广大青年一起抗议。

1945 年 2 月 21 日起，惨案发生的第二天，《国民公报》《大公报》《商务日报》《新华日报》等多家报纸报道了有关消息，表达了对特务的愤慨和对工人的声援，号召全市人民都"睁大眼睛，注视这次凶杀工人罪行的最后清算"；陪都机械工人联合会成立"援胡会"，呼吁全市工人团结起来，援助电力公司职工的斗争，坚决支持电力公司工人的八项正义要求，坚决要求枪毙田凯……一场反特抗暴的群众性民主运动，便在国统区中心的重庆声势浩大地开展起来。

胡世合惨案的相关报道（《新华日报》一九四五年二月二十四日第三版）

1945 年 2 月 23 日下午，国民党当局迫于电力工人和全市人民不断高涨的反特抗暴群众运动的强大压力，在重庆电力公司食堂二楼同工人代表杨秀蓁、周力行、刘振基等进行谈判。工人代表与之做了针锋相对的斗争，始终坚持"杀人偿命，枪毙凶手田凯"，强调"杀人如不偿命，人权得不到保障，工人怎样做工"，一再表示"如不杀人偿命，工人无法上班工作，全市将停电停水"。最后，国民党政府被迫达成四项协议：一、依法严惩凶手，枪毙田凯；二、封闭中韩文化协会饮食部；三、死者由电力公司优予抚恤；四、追悼会迁长安寺隆重举行。

2月26日，重庆卫戍司令部宣布："重庆电力公司与中韩文协饮食部因剪线斗殴伤毙胡世合一案，业经侦讯明确，凶犯田凯，因'杀人罪'被处以死刑，并于当日验明正身"，押赴菜园坝刑场"执行枪决"。当天，市民争先恐后、川流不息前去观看杀人凶犯的下场，无不拍手称快，庆祝斗争胜利。

2月27日，全市民众开始为胡世合举行追悼会和公祭。时任市长贺耀祖带领官员在追悼大会上脱帽志哀，并向死者家属发放抚恤金10万元。王若飞亲往灵堂悼念，慰问胡世合家属，支持和鼓舞电力工人。郭沫若、李公朴、闻一多等进步民主人士也前往祭奠。工人、大学生纷纷吊唁。

胡世合运动虽仅持续了短短十天，全市就有20多万名工人和各界群众参加，在全市、全国产生了重大而深远的影响，有力地推动了国民党统治区工人运动、民主运动的发展，为中国工人运动史谱写了光辉篇章。

📖 **延伸阅读**

胡世合运动的深远影响

胡世合运动发生后，延安的《解放日报》和四川、云南、陕西、湖北的10多家报纸都刊载了胡世合运动的消息和评论，支持重庆工人的正义斗争。以后一个多月时间，全国各地仍纷纷来电并捐钱慰问胡世合遗族，当时《新华日报》和《解放日报》都做了报道。

中共中央南方局青年组还以"工联"的名义，编印出刊《胡世合工友纪念册》，作为教育工人的教材，提高工人的自信心和政治觉悟，培训工人运动骨干，扩大和加深这场民主运动的影响。这场斗争的直接组织者——中共中央南方局青年组组长刘光还给中共中央南方局写了《关于重庆电力公司反特务斗争的总结》的报告，认真总结这场斗争在依靠党员和工人积极分子，充分发动全市工人和各界群众，动员上层人士，形成广泛的统一战线以及讲究斗争策略等方面的经验，用以指导国民党统治区民主运动。

智勇斗特务　护厂迎光明

　　一棵棵硕大的黄桷树，青砖黛瓦的苏式老楼，简洁朴实的复古色调，古色古香的典雅气质，如同山水墨画一样，这里的一草一木、一砖一瓦仿佛都在诉说着历史。

　　绿树掩映下，临街那栋楼右侧墙上挂着一块"重庆市文物保护单位・大溪沟发电厂专家招待所旧址"的牌子；楼前小花园里安放的石碑上镌刻着大溪沟电厂简介，引导人们去追寻曾在这里发生的历史和故事。

　　来到大溪沟发电厂旧址，仿佛走进了近百年的历史长河中。这里，孕育了重庆电力的雏形；这里，见证了一场惊心动魄的电力设施保卫战；这里，奠定了重庆电力工业发展的基础。

应对破厂阴谋

　　1949 年 10 月 1 日，新中国成立后，中国人民解放军乘胜挺进大西南，直逼重庆。蒋介石从台湾发出"固守重庆"的指令："即使重庆失守，也要全城爆破，给共军留下一个烂摊子。"为此，国民党特务机关制定了"破坏、屠杀、潜伏、游击"等阴谋计划。

　　11 月 14 日，国民党保密局局长毛人凤在重庆市区嘉陵新村 6 号召开军警特务头子会议，部署"大破坏"行动，成立"重庆破厂办事处"（又称"破厂指挥部"）。破坏对象包括 10 个地区的兵工厂、发电厂、军械总库、广播电台及机场等 17 个单位。同时，从台湾空运爆破专家杜长城及"东南技术总队"来渝，实施爆破计划，预计使用黄色炸药 200～300 吨。

　　11 月 22 日，毛人凤又召集有关负责人开会，确定具体破坏目标 500 余处，委派掩护部队指挥官和各厂破坏指挥官，安排炸药搬运事宜。这个破坏计划经蒋介石批准"照办"，给予破坏费用 17.91 万元（含银圆券和银圆）。28 日，毛人凤下令各厂安装炸药。29 日，蒋介石（半个月前自台北飞临重庆）在市郊山洞召开军事会议，决定 30 日晚撤出重庆，并立即进行破坏。

对敌人的险恶用心，中共中央和各级党组织早有预判。同年 3 月，中共中央上海局对川东特别委员会（以下简称川东特委）作出指示：大西南的解放为期不远，党的地下工作方针，要从农村转变到"保护城市，迎接解放，配合接管"上来；根据其他大城市的经验，敌人在溃逃前夕必将尽其所能，实行屠杀、破坏，给我们留下烂摊子，我们要护厂、护校，营救狱中战友。川东特委负责人刘兆丰于 7 月召开特委扩大会议，传达中共中央上海局指示，对开展全市护厂、护校斗争和营救狱中同志做了周密部署。

按照"七月会议"安排，刘兆丰和蒋仁风对重庆上层进步人士开展了统战工作。他们通过"思想上同情党，与党组织有所接触"的高允斌等联系，先后与重庆市参议会议长范众渠、重庆市商会会长蔡鹤年、重庆市参议会秘书长柯尧放等人见面。经过商议，由他们出面组成重庆市"迎接解放筹备小组"。蒋仁风对小组作出具体指示：要以商会和参议会的名义广泛联络工商企业和社会各界人士；保护工商企业，尤其是电厂、水厂；维持社会治安，防止敌特破坏抢劫；在解放军进城时做到水电不停，交通畅通，社会秩序不乱。

同时，川东特委负责工人运动的卢光特与刘兆丰具体部署了全市工人运动系统的护厂斗争。成立了全市工人运动系统"护厂领导小组"，由王尧弼、刘家彝、黄友尚三人组成。领导小组提出"工厂、机器是我们的饭碗，丢了就挨饿""工厂是我们的家，保住工厂就是保住命根子"等口号，组织党员和工人积极分子在企业广泛宣传，发动职工团结起来，共同护厂。

为保护电厂不受破坏，中共川东特委通过蔡鹤年，给重庆电力公司总经理傅友周做工作，取得对方支持。傅友周于 1949 年 11 月 23 日、24 日相继召开公司各级部门主管人员会议和职工代表会议，研究决定软硬兼施的护厂措施：一方面筹款，收买军警特务，避免炸厂；另一方面筹枪，成立护厂队，武装保护电厂。

重庆电力公司组建了公司总部和 3 个电厂共 4 个护厂队，枪支除原厂警队 20 支外，傅友周向重庆电力公司名誉董事长潘文华商借步枪、机枪 60 支，分配给大溪沟电厂 50 支，弹子石电厂、鹅公岩电厂和公司总部各 10 支。各护厂队组建后，加紧训练，日夜巡逻。各厂周围架设电网，加固围墙厂门。

妙计连施斗特务

大溪沟电厂地处市区，许多工人曾在工人夜校中受过革命教育，尤其是经过中共中央南方局领导的"胡世合事件"抗暴民主运动的锻炼后，觉悟大为提高。加之货币贬值，物价飞涨，随时面临失业和饥饿的威胁。得知军警特务要搞破坏，他们义愤填膺，纷纷加入护厂队。

在中共重庆地下党组织"保护工厂，迎接解放"的号召下，大溪沟电厂迅速组织成立了护厂纠察队。工人们从河边抬回沙包修筑工事，沿着围墙架设电网，并将 50 支汉阳造步枪分发给会使用的工人。大家在中国共产党的号召下，上下齐心、誓死护厂，"无论怎么轰炸，电是不能停的"，守卫重庆的"光明"源泉。

11 月 28 日，几名便衣特务进入电厂做爆破前的试探和准备工作。他们企图通过迷惑和恐吓手段，逼迫工人们放弃护厂，结果遭到坚决抵抗，最终被轰出厂外。工人们用实际行动表达了决心：保护工厂，迎接解放！

11 月 29 日下午，乌云密布，寒气逼人。60 多名特务身背冲锋枪，手拿十字镐，开着满载炸药的卡车来到大溪沟电厂门口。重庆电力公司和电厂领导、护厂队长商议，决定巧计连施，跟敌人好好斗一回。

第一计，缓兵计。争取时间就是争取胜利！纠察队选了几个能说会道的工人，出厂到馆子里买了好些烟酒肉菜拿回厂里，请特务们"聚餐"。果然，特务们经不起诱惑，立刻把"任务"放在一边，一个个划着拳大吃大喝去了。把特务们稳住了，纠察队的第一计就成功了！

第二计，"地雷阵"。就在特务们大吃大喝的时候，纠察队在老工人杨如坤的带领下，开始在车间内大摆"地雷阵"，机器上、过道上、栏杆上贴满"有电！生命危险！"的字条，让敌人无处下手，既不敢轻举妄动，也分不清要害部位，这一计也成功了！

第三计，心理战。双方僵持到了下午五点，暮色降临，解放的炮声和枪声也越来越近。特务们慌了手脚，既想搞破坏又想逃命。纠察队眼看时机已到，立即把工人队伍调入车间，反守为攻，和特务打起了心理战。车间里的电灯全熄了，特务们"聚餐"的花园却灯火通明，重机枪对准特务们，工人们一个个精神百倍，只要敌人敢动一步，就给他来个黑处打亮处。工人们大声喊话："厂在人在，厂亡人亡，你们硬是要干，我们只有互相流血了。告诉你们，电厂一炸，方圆二十里都要夷为平地。牛角沱、上清寺都要翻个转，我们死了，你们也跑不脱，何况你们也有家属在这里！"

工人们大无畏的英雄气概让本就犹豫不决的特务们心里胆怯极了，东逃一个，西跑一个，慌忙逃命去了。

晚上 10 点多钟，人民解放军进入市郊，密集的炮火震撼山城，军警见状仓皇逃命。大溪沟电厂上空升起了五星红旗，群众高呼："我们胜利了！"经过一天一夜的不懈斗争，大溪沟电厂终于完整地回到了人民的怀抱，机器依然轰鸣，电流依旧强劲，为山城带来了新的"光明"。

三个电厂的设备得到保护

地处南岸一角的弹子石电厂，按照重庆电力公司统一安排，架设了电网，加固了厂门和围墙；由青壮工人组成护厂队，日夜站岗防守，使装有 2 套 1000 千瓦机组的电厂得到完整保护。

鹅公岩电厂地处与第 21 兵工厂分厂相邻的两个山洞内，为兵工厂供电。针对当时的情况，大家研究确定护厂斗争策略：首先，要努力保护好电厂的全部设备，确保解放军来了后发电不停，为新中国建设服务；其次，考虑到国民党军警已进驻厂区，发电设备都在两个洞内，只有一个进出口，易被围困，不便防守，在迫不得已时，要尽力保护好发电机、汽轮机等关键设备，以便尽快修复发电。工人们积极响应，踊跃参加护厂队，日夜保护洞内设备。护厂队员唐义和冲进电厂的国民党军警周旋，按照原定的护厂策略机智沉着应对。

一个军官用枪指着唐义和问："这个机器重要吗？是不是发电机？"唐义和明白，这些军警不懂电，没有找到厂里最重要的汽轮发电机车间。他指着庞大的锅炉哄骗说："这个最重要。"军官威胁说："你骗我，这是烧火的炉子，能发电吗？你说假话，我毙了你。"唐义和回答："厂里就是用这些机器发电，我没说假话。"军警信以为真，在锅炉车间安放炸药后，仓皇逃命。

唐义和另一护厂队员陈树安想到车间还有工人，立即跑向洞口大叫："炸药要炸了，快跑出来！"话音刚落，锅炉车间发生爆炸，坚守生产岗位的卢树清、彭子清、高元成、蒲兴国、李小丰、彭桂林六名工人牺牲，一台锅炉被炸毁。但电厂最复杂、最难修复的关键设备——汽轮机发电机组，躲过一劫。

在中共川东特别委员会的领导下，重庆电力公司护厂队员和广大职工英勇机智进行护厂斗争，使公司所属三个电厂的发电设备及供电设备，大多都得到保护，护厂斗争取得了胜利。

重庆电力公司在重庆解放不久，就隆重召开护厂斗争庆功会，给各单位护厂有功人员颁发"护厂有功"奖章和奖金。西南军政委员会有关部门，在大溪沟电厂召开庆功会，隆重表彰护厂队员们英勇护厂的功绩。1949 年 12 月 24 日，重庆电力公司召开庄严肃穆的追悼大会，沉痛悼念在中美合作所英勇牺牲的电力英烈和在鹅公岩护厂斗争中殉难的护厂烈士，还出刊了两大张《追悼特刊》，热情歌颂烈士们"前仆后继，为人类献身"的崇高精神，教育激励公司职工"奋发图强，努力建设新中国！"

（来源：《重庆日报》2006 年 6 月 13 日）

📖 **延伸阅读**

大溪沟发电厂专家招待所旧址成为重庆市文物保护单位

大溪沟发电厂从 1932 年重庆市政府成立电力筹备组选址建厂、最早安装三台 1000

千瓦机组，到 1938 年大溪沟电厂扩建，装机容量达到 1.2 万千瓦，成为当时全国一等电力企业和四川最大的火力发电厂。后历经多次更名，其前身为重庆电力股份有限公司，1958 年更名为五〇〇七信箱，1966 年改为大溪沟发电厂。新中国成立后，该厂一直坚持生产发电，后由于设备陈旧老化，机组先后于 1982～1989 年报停、报废。

新中国成立之初，中国严重缺乏管理城市和建设城市的人才，特聘请了大量苏联专家来华工作。远在西南的重庆也来了不少专家，为了解决苏联专家的住宿问题，特地建了五栋宿舍（专家招待所）。这是苏联援建中国项目的物证和中苏友好的象征，真实地反映了重庆解放初期工业发展状态及生活背景。2009 年，大溪沟发电厂专家招待所旧址被重庆市政府命名为第二批重庆市文物保护单位。

党旗映初心　熔铸红岩魂

抗日战争爆发后，在中共中央南方局和重庆市地下党工委的领导下，重庆电力公司职工将经济斗争和政治斗争紧密结合起来，从第一位党员到成立第一个地下党支部，从自发、分散地斗争发展为有组织的自觉斗争，紧紧跟随党的步伐，不断追求进步，积极投身革命斗争，何敬平、刘德惠、邓兴丰、周显涛等 11 位共产党员和电力先辈为人民解放和民族独立献出宝贵生命，谱写了一幕幕可歌可泣的重庆电力红色往事。

第一位电力党员刘德惠：舍生取义，一心向党

刘德惠（1917—1949），名真吾，原巴县陶家乡（今九龙坡区陶家镇）人，1917 年生于地主家庭，长兄刘德昌，次兄刘德英。兄弟三人虽然出身地主家庭，却没有成为阻挠无产阶级革命斗争的反动分子，而是成长为忠于共产主义的地下工作者。

1928 年，刘德惠考入彭家场（九龙坡区西彭镇）益智学校读书，在地下党员邓力平、牟万宗等教师的培养和袁德培、刘典初等同学的帮助下，积极参加巴县反团阀、反封建斗争，公开宣讲马

刘德惠烈士

列主义。1930年，刘德惠考入了巴县中学，并参加社会主义青年团。

中学毕业后，刘德惠在重庆公共汽车公司当会计。1937年，他通过自己的努力考入了重庆电力公司。两年后，刘德惠加入了中国共产党。在重庆电力公司工作期间，他联合工友组织工会，办工人夜校，为工人争取工资待遇和福利，并发动工人参加反内战运动，业绩昭昭在目。

1945年，刘德惠组织和发动职工参加轰动全国的"胡世合运动"，他和何敬平共同起草了《向各产业工友各界同胞们的控诉》的控诉书，揭露国民党当局对人民的法西斯统治。1946年底，刘德惠任重庆电力公司地下党支部代理书记，并负责为川东地下党临委筹集活动经费。

1948年初，华蓥山武装起义失败后，刘德惠积极掩护同志转移。同年4月，由于被捕入狱的地下党员许建业中了特务看守陈远德的诡计，导致刘德惠被国民党逮捕入狱，囚禁于渣滓洞。在狱中，特务认为他是重犯，数次刑讯，要他交代公司其他党员，他不畏敌人酷刑折磨，坚贞不屈，保守党的机密，不向敌人低头，表现了一个共产党人的大无畏的精神和高尚的情操。他关心体贴狱中同志、难友，家人送来物品，他都要分送给难友共同使用。1949年夏天，狱中因卫生条件恶劣，流行痢疾，他设法让家人送来药品为难友治疗，身处险境，仍然关心同志的安危。

1949年11月，重庆解放前夕，解放军的炮声让敌人胆战心惊，监狱特务弃监逃跑，狱中难友趁机越狱。刘德惠在逃脱后，想到狱中尚未逃脱的战友，于是返回监狱去营救战友。谁知丧心病狂的国民党军警竟用机枪对准狱友扫射，再用汽油焚烧，制造了震惊中外的"11·27"大屠杀惨案。年仅32岁的刘德惠与大批革命志士、爱国青年在这次惨绝人寰的屠杀中壮烈牺牲。

第一个党支部：中共重庆电力公司地下党支部

1946年2月，中共重庆电力公司地下党支部成立。由周力行（周公正）任党支部书记，刘德惠任生产据点小组长，何敬平任组织委员，余造帮任联络员，张治源任秘书。4 月 30 日，周力行调任中共四川省委民运部青运组长，上级党委指定刘德惠代理支部书记。

除这个党支部外，还有部分党员属中共川东地下党特委领导，也有部分党员由中共中央南方局派人单线联系。随着中共党组织的健全完善，重庆电力公司职工的革命活动进入新的发展阶段。

1946 年 7 月，为了宣传马列主义，团结教育工人，中共重庆电力公司党支部决定举办重庆电力公司职工业余夜校，由重庆电力公司职工福利社中的党员发起，推举中共党员刘德惠为夜校校长，中共党员余造帮为副校长，负责夜校的经办。夜校共开办两个班。一方面教工人学习文化，另一方面选择报刊上的一些进步文章，组织工人学习，教育和启发工人提高觉悟，扩大党的影响。参加夜校学习的许多职工，在 1949 年 11 月反对国民党军警特务破坏电厂的护厂斗争中，都积极投身护厂活动，英勇保护电厂，取得了重庆电力公司护厂斗争的胜利。

1947 年夏，重庆电力公司党支部为筹集活动资金，建立活动据点，筹建了"至诚实业公司"。为便于掩护，至诚公司特地邀请重庆电力公司会计课长黄大庸任董事长，聘请进步青年刘祖春任会计，以民营企业身份，经营猪鬃、棉花、煤炭等货物贸易。刘德惠担任专务董事，负责财务稽核，便于掌控财务，吸收游资，供给党的经费需要。重庆电力公司党支部接到重庆市委要求安排许建业职务的指示后，决定"聘请"许建业担任至诚实业公司会计主任。许建业上任后，有了公开合法的身份，加之一个人住在公司，十分安全隐蔽。他化名杨清继续组织开展工人运动。

至诚实业公司也成为重庆市委的一个重要联络点，中共川东临时工作委员会秘书长萧泽宽也来这里与许建业商议支援川东农村武装斗争的人员和物资转运工作。许建业积极动员重庆市工运干部 20 多人到川东农村开展军事斗争，并筹集武器、电台以支援川东游击队。

许建业利用在至诚实业公司工作的便利条件，有力推动了重庆电力公司的地下革命斗争。至诚实业公司会计刘祖春，在他的教育帮助下，主动投身革命，积极为党筹措经费，传递和散发《挺进报》，掩护党的地下活动，成为发展党员的重点对象。

重庆电力公司地下党支部组织的革命活动，引起了国民党军警特务的注意，遭到了严密监视和镇压。1948年4月4日至5月15日，许建业、刘德惠、何敬平、刘祖春、周显涛等重庆电力公司地下党员相继被捕，党支部组织遭到破坏，未遭逮捕的党员均转移隐蔽，停止活动，但革命火种并未熄灭。

狱中斗争：电力英烈熔铸红岩魂

被捕入狱的重庆电力公司中共党员和革命青年，在残暴的特务面前始终坚贞不屈，英勇斗争。

邓兴丰是川东游击队第13支队政委，属"重要政治犯"，特务对其残暴刑讯，他始终不吐一字。敌人无奈，将其从渣滓洞监狱转移至白公馆监狱。1949年10月1日，中华人民共和国成立的喜讯传到监狱，他和狱中同志连夜赶制红旗，举行庆祝活动。10月28日，王朴、陈然等同志被国民党枪杀于大坪刑场，邓兴丰义愤填膺，和狱中战友绝食三天，抗议暴行。11月14日黄昏，邓兴丰和江竹筠等30位革命志士被特务杀害于中美合作所电台岚垭。

"浩气长存"红岩烈士群雕

何敬平作为重庆电力公司党支部组织委员，掌握着支部党员和党外积极分子的信息，但他始终不吐露一字。1949年1月29日，他和刘振美等20位同志在狱中成立"铁窗诗社"，用战斗的诗篇相互鼓舞。他写下著名诗篇《把牢底坐穿》，这首诗经难友周宗谐谱曲，在狱中广为传唱。

周显涛是党的交通联络员，担任传递情报和联络工作，掌握党的机密。他在牢中受尽折磨对革命前途始终充满希望。正如他在遗存的照片上所写的那样："希望是属于未来，希望是人类前进的导引，让我沉默地希望吧！"

刘祖春是进步青年，被捕后，敌人认为他年轻好对付，便以金钱引诱，企图打开缺口。他不为所动，不透露半点机密，特务遂施以酷刑。他被打得遍体鳞伤，仍不屈服。他热情关心狱中难友，争做脏活、重活，难友夸他是优秀革命青年。

1949 年 11 月 27 日，在刽子手的屠刀下，刘德惠、何敬平、周显涛、刘祖春等革命志士牺牲于渣滓洞监狱。他们为人民的解放事业献出了壮丽的青春和满腔热情，不愧为电力工人的优秀分子。

1950 年 1 月 15 日，重庆市召开全市烈士追悼大会，沉痛悼念在渣滓洞等监狱英勇牺牲的283 位革命烈士和护厂斗争中殉难的 25 位护厂烈士。全国解放后，重庆市人民政府修建"歌乐山烈士陵园"，革命烈士和护厂烈士均安葬在这里。陵园烈士英名录记载着包括重庆电力英烈和护厂烈士在内的全部烈士的英名，永远为人民所瞻仰、崇敬、怀念。先辈们的英雄事迹和革命意志凝结成红岩精神，成为中国共产党精神谱系的重要组成部分，永放光芒。

延伸阅读

送电力英烈"回家"

2021 年 6 月 24 日，"弘扬红岩精神　争做时代新人'让烈士回家'暨'红岩精神电力传承'"活动在国网重庆电力公司举行，将 11 位电力先烈的英雄故事和革命精神送回他们曾经战斗过的地方，缅怀红岩英烈，传承红色基因，弘扬红岩精神。

在红岩英烈文史资料交接仪式上，展示了电力英烈的故事。活动中，红岩联线管理中心、国网重庆电力公司领导共同为"红岩干部学院红岩党性教育国网重庆市电力公司现场教学点"命名揭牌。

（来源：国网重庆市电力公司公众号，2021 年 6 月 25 日）

渝电心向党　旗帜领航程

在国家电网有限公司党组的坚强领导下，重庆市电力公司（简称"公司"）全面贯彻新时代党的建设总要求，始终坚持党的领导、加强党的建设，纵深推进"旗帜领航"党建工程，充分发挥企业党组织的政治核心作用，为公司和电网发展提供了坚强保障。

国网重庆市电力公司党委理论学习中心组（扩大）召开集体学习会议

全面加强党的领导坚定正确发展方向

这些年来，公司党委始终牢记总书记嘱托，牢固树立"四个意识"，坚定"四个自信"，做到"两个维护"。

坚持把党的政治建设摆在首位。贯彻《中共中央关于加强党的政治建设的意见》，细化落实关于加强党的政治建设的具体措施 36 条，严格执行新形势下党内政治生活若干准则。配合国家电网有限公司完成党组巡视任务，高质量开展 12 轮 45 家单位常规巡察、2 轮 42 家单位专项巡察和 2 轮 18 家单位整改"回头看"，始终把对党忠诚、为党分忧、为党尽职作为根本政治担当。

坚决落实党中央决策部署和国家重大战略。全面落实习总书记对重庆提出的"两点"定位、"两地""两高"目标，紧扣长江经济带、西部大开发、成渝地区双城经济圈建设等国家重大战略，制定重庆电网"十四五"规划、国家电网战略重庆落地实施方案和"一体四翼"发展总体方案，围绕"强根铸魂、提质增效、互联互通"三大主线，依托"八大战略工程"，提出 117 项战略落地重点举措，积极应对风险挑战，服务党和国家工作大局。落实"四个革命、一个合作"能源安全新战略，与 38 个区（县）政府签订战略合作协议，支撑能源电力清洁低碳转型，在重庆主城区、高新区、中国西部（重庆）科学城、广阳岛示范建设新型电力系统，助力"碳达峰、碳中和"，有效履行经济责任、政治责任、社会责任及生态环保责任。

推动党建工作与生产经营相融共进。把党的领导融入企业改革发展全过程，把"党建＋"工程作为强化党建引领重要载体，聚焦安全生产、重大保电、电网建设、提质增效、优质服务、科技创新等核心业务，实施"党建＋"红岩先锋工程六类 66 个，各基层党支部结合实际打造"党建＋线损治理"等特色项目 583 个，推动基层党组织内嵌到企业生产经营各方面，有力促进党建与中心工作相融并进，抓党建促发展作用进一步彰显。

思想武装强根铸魂　凝聚感恩奋进力量

延安整风是中国共产党开展的第一次全党范围内的马克思主义思想教育运动，也是一次伟的大思想解放运动，到"三讲"教育，再到保持共产党员先进性教育活动，再到深入学习实践科学发展观活动，再到"不忘初心、牢记使命"主题教育、党史学习教育和习近平新时代中国特色社会主义思想主题教育，每一次主题教育，都是一次思想的洗礼。

在党史学习教育活动中，公司党委组织党史学习教育专题读书班 230 余期，举办庆祝建党百年系列活动，深化"我为群众办实事"，解决"急难愁盼"问题 3919 件，做法成效入选中央《党史学习教育简报》。编制《重庆红色文化图谱》，举办"让烈士回家""新春故事会"等系列活动，发动"万名党员讲党史"等全方位的教育培养；与重庆红岩联线文化发展管理中心共建"红岩联线"党性教育基地，协同开发电力英烈特色党课等，让"红岩精神"成为服务队的信仰力量。把"红岩精神"作为党史学习教育的生动教材，把国家电网红岩共产党员服务队建设作为传承"红岩精神"的具体实践，学党史、办实事，把学习成果和"人民至上"的价值理念落实到行动上，"红色基因·电力传承"深刻沁入到每名员工内心，用信仰、信念、信心照亮了公司高质量发展的奋进之路。

集中学习、分享活动（黄凌霜 摄）

在学习贯彻习近平新时代中国特色社会主义思想主题教育中，公司党委坚持以学铸魂、以学增智、以学正风、以学促干，组织政企、厂网、网网党委、党支部组建"3+N"党建共建矩阵，成立"厂网党建共建保供联盟"，服务能源保供大局，推动安全保供、电网建设等重点任务落地，将党的政治优势和组织优势切实

川渝党建共建护航电力保供

转化为高质量发展动能。公司联合湖北、四川电力公司与贵州电网公司倡议，联合实施"党建＋电力保供"工程，进一步加强省级电网协同、深化行业联动，高效统筹各方资源，落实落细重要举措，为圆满完成迎峰度夏电力保供和确保地区中长期能源安全稳定提供坚强保障。

组织建设强基固本　筑牢坚强战斗堡垒

党的十八大以来，公司党委紧紧围绕贯彻落实习近平总书记全国国有企业党的建设会议重要讲话精神，坚持问题导向，切实加强党的组织建设，集中解决了一批基层党建的"老大难"问题，切实推动党建工作高质量发展。

构建"大党建"工作格局。贯彻高质量发展要求，搭建"四四"党建责任落实体系，营造全面过硬的党建工作生态。2015 年出台《关于进一步规范基层党支部设置的意见》，对党员人数超过 50 人的 73 个党支部进行合理划分设置，进一步规范了基层党支部建设。2016 年至 2017 年，相继开展"三亮三比""三无四当"主题活动，建立 1221 个"党员责任区"、1810 个"党员示范岗"。2018 年，全面推进党支部标准化建设，评选出三星级党支部 414 个、四星级党支部 13 个、五星级党支部 4 个。2021 年，创新打造"渝电青松"离退休工作品牌，在国网系统首创"渝电青松·党建共建示范点"。2022 年，公司搭建覆盖各层级的培养锻炼、履职"赛马"平台，选拔提拔 28 人、重用 14 人、聘任职员 3 人，公司政治生态持续向好，获国家电网有限公司辛保安董事长高度肯定。公司董事长、党委书记周雄当选党的二十大代表，成为公司成立以来首位参加中国共产党全国代表大会的党员干部。

严密党的组织体系。贯彻落实《中国共产党国有企业基层组织工作条例（试行）》，结合公司改革发展，持续优化基层组织设置，重点抓好新建重组单位、混合所有制企业、供电所党组织建设，实现组织全覆盖。依托重点工程、重大项目灵活设置党组织，成立巡察组临时党支部 7 个，在 500 千伏金山输变电工程、±800 千伏白江线特高压直流输电线路工程等重点工程现场成立临时党组织，在援豫抗洪救灾中成立临时党（总）支部 10 个、抗洪救灾突击队 23 支，在急难险重任务中发挥党组织战斗堡垒作用。推动组建两江供电公司等混合所有制增量配售电公司党组织。

强化党建工作基础保障。制定落实《学习贯彻〈中国共产党国有企业基层组织工作条例（试行）〉工作方案》40 项措施，为 700 余个党组织配齐建强党组织书记和党务工作人员，每年组织开展党委书记、支部书记集中脱产培训，两年一次全覆盖开展党务工作者培训交流和党员轮训工作，党组织工作经费按照工资总额 1% 保障。开展党建工作对标管理，推行量化计划管理，规范支部"三本六盒一证"，打造"一室一栏一群"，编写《图说发展党员漫画》《党建知识关键词手册》服务基层党建，实现党委 6 个标准化、党支部 5 个标准化建设 100% 达标。创建四、五星级党支部 78 个，推广星级党支部典型经验 51 项，建成国网级电网先锋党支部 16 个、公司级电网先锋党支部 196 个。

作风建设从严从实　践行初心守护光明

全面加强党风廉政建设。深入贯彻中央八项规定精神，制定实施办法，查处违反中央八项规定精神问题 15 件，处理处分 18 人。严格落实"三个区分开来"，精准运用"四种形态"。健全监督工作体系，完善"1+6"监督机制，公司系统围绕选人用人、工程建设、招标采购等重点领域开展监督 1328 项，修订完善制度 30 项，建立防控机制 372 个。培育"山水廉韵"特色廉洁教育品牌，构建"125"多维度立体教育体系，建立警示教育日制度，打造党风廉政建设实训室，干事干净的工作理念逐步深入人心。

全面践行为民服务宗旨。2012 年，公司成立国家电网红岩共产党员服务队，坚持培养党性觉悟高、工作业绩优、群众基础好、奉献精神强的党员，不断吸收入党积极分子和优秀的团员青年加入，与政府应急联动，聚焦央企政治、社会、经济三大责任，全力做好政治服务、抢修服务、营销服务、志愿服务、增值服务，在电网建设、重大保电、提质增效等重点工作中勇挑重担，当好电力先行官，架起党群连心桥，让党的旗帜在为民服务一线高高飘扬。2018 年，国家电网红岩共产党员服务队获"国家电网金牌共产党员服务队"称号，3支国家电网红岩共产党员服务队获"国家电网优秀共产党员服务队"称号。红岩共产党员服务队为民服务实践入选国务院国资委国有企业品牌案例，并在2021年中国品牌发展国际论坛上发布，服务队获评"2013～2017年度重庆市国企贡献奖"。广大党员同志弘扬伟大建党精神，勇于直面困难，敢于斗争、善于斗争，重庆川东电力公司刘军同志在开展反窃电工作中为了国家利益、为了企业利益以身殉职，展现新时代国家电网人的使命担当。

时间镌刻不朽，奋斗成就永恒。在高质量党建的引领下，公司圆满完成了一次又一次重大任务，交出了一份沉甸甸的"渝电答卷"，涌现出一大批先进集体和个人。全国文明单位获评数量居全市企业之首，116个集体、个人获中央企业、重庆市委和国家电网有限公司党组"两优一先"表彰，首次获评"中央企业先进基层党组织""全国离退休干部先进集体"等荣誉，111个集体、个人获评"全国劳模""五一劳动奖状""工人先锋号"等省部级及以上表彰，371人次在各级技能竞赛中获得先进荣誉，韩世海、肖冀、陈涛、钟加勇获评"国家电网首席专家"，刘军同志获评"感动重庆十大人物"，公司相继获得"全国电力行业企业文化示范单位""思想政治工作优秀单位"、全国"安康杯"竞赛优胜企业、"中国青年志愿服务金奖""国家电网公司品牌建设特殊贡献奖""精神文明建设创新奖"等荣誉。

📖 **延伸阅读**

重庆市直辖后公司第一个全国党代表

2022年5月31日，重庆市第六次党代表大会选举产生出席党的二十大代表，国网重庆市电力公司董事长、党委书记周雄当选，这是重庆市电力公司成立以来首位参加中国共产党全国代表大会的党员干部。

（来源：《跨越2》）

第 2 章

百年奋进：联发展·建好网

白鹤滩—浙江±800千伏特高压直流输电线路工程重庆段部分工程全景图
（王化全　摄）

看似寻常最奇崛，成如容易却艰辛。

百年筚路蓝缕，百年奋斗征程。从1906年渝中半岛亮起第一盏灯，现代文明之光开始照亮这片古老的土地，到新中国成立后第一座35千伏弹子石变电站、第一条110千伏长寿狮子滩线路、第一座220千伏凉亭变电站、第一条500千伏自渝线相继建成投运，重庆电网实现了由小到大、由弱到强的历史跨越；再到重庆直辖后超高压电网快速发展、形成"两横三纵"坚强主网架，川渝疆渝特高压工程相继开工建设、特高压入渝由梦想变为现实，重庆电网迈入了发展快车道。

成就瞩目催人进，勇毅前行创未来。重庆正全力推动成渝地区双城经济圈建设、西部陆海新通道建设等国家重大战略落地落实，城乡发展动力强劲，电力需求增长迅猛，对电网建设提出了新的更高的要求。我们要始终坚持发展是第一要务，以新发展理念为引领，以提升发展质量为主线，加快特高压等重点项目建设，全力以赴强电网，提升电力供应保障能力，为中国式现代化赋动能、作贡献。

浴光迎新生　废墟启征程

1949 年 11 月 30 日，重庆解放，人民解放军对各公用电厂进行军管，人民政府接管了原属国民党政府的电力企业，成立公私合营重庆电力股份有限公司。1950 年，西南军政委员会重庆区电业管理局成立，后改为重庆电业局。

在军管会和人民政府的带领下，重庆电力职工快速启动新建和扩建工程。从 1950～1952 年 8 月，先后建成 33 千伏大溪沟、铜元局、弹子石、玛瑙溪、李家沱变电站，使原来三个孤立运行的发电厂实现了联网，建成了重庆市区的统一电网，保证了电力的可靠供应。

克服万难　建起第一座 35 千伏变电站

弹子石，紧依长江，背靠南山，得天独厚的地理优势，使得这里曾经是重庆最早的开埠之地和近现代工业重镇。然而，刚从战乱中走出的此地，难觅昔日的喧嚣，只剩下一片荒芜。

于此，重启电网建设成为恢复重庆南岸地区经济发展的第一步。也正是在此背景下，弹子石变电站应运而生。

"当年建设的时候就是一片荒地，真是叫一穷二白。能够在什么都没有的情况下，建成重庆市第一座 35 千伏的变电站，实属不易。"市南供电公司弹子石变电站迁改工程总指挥朱铁军回顾着那段经历时，不由地感慨道。

那时，弹子石变电站的建设面临着诸多困难。尽管苏联专家带来了先进的设备技术，但施工条件很是落后。没有水泥杆，电站几乎是由一个个简陋的四方灯笼铁架拼接起来的。站内简单的四台多油式开关，两台并联运行的主变压器，加上几间有点漏雨的值班室，重庆第一座 35 千伏变电站在如此艰苦的环境下，克服万难于 1952 年建成运行。

"两台主变压器容量各为 1500 千伏安，极大地解决了当时重庆南区的缺电问题。"弹子石变电站原站长李本芬回忆道，看上去不算大的变电站，撑起了一座城区的供电，当时站内职工们工作的宗旨只有一个——分秒必争地对外送电。

艰难岁月　铭刻奋斗足迹

李本芬至今还清晰地记得，当年她刚进入弹子石变电站工作时，脑中一片空白。"知青返城后成为一名电力职工，但我并不清楚变电站到底干什么？"她说，一切从零开始，学原理、学操作，有什么不懂就问！向老员工问、向技术人才问，不管怎样，心里守住的底线是：一定要确保"电不能停"。

"操作 10 千伏的隔离刀闸（开关）时，闪出的长长的电弧光，让我有一种面临生死诀别的感受。"第一次实际带电操作 10 千伏隔离开关时的经历令李本芬印象深刻。当时变电站接调度电话指令，需立即安排两名同志现场断开某 10 千伏隔离开关。虽然脑子里反复琢磨着安全规程，但真走到开关场的一刻，她还是有些懵圈。隔离开关共黄、绿、红三相操作把手，她认真按照规程先操作中间相。就在她按动开关的瞬间，一道臂展长度的弧光瞬间划过双眼！那一刻，她吓坏了，出于自我保护的本能反应，立即丢掉了操作杆逃回值班室。此时，调度电话那边传来催促，让先前一片混乱的她逐渐恢复清醒，当即作出判断：没有出事故，电弧光是正常现象，后续步骤还是立即执行！怀着忐忑的心情，她再一次走到隔离开关前，默念规程咬牙拿起操作杆逐一拉下操作迎风相、下风相把手。最终，伴随着一次次耀眼的电弧光，三相开关万无一失地操作完成。此时，她才发现，自己已经泪眼汪汪。

弹子石变电站既见证了重庆电网建设的起步，也印刻了一代重庆电力职工成长的足迹。

第一次走进弹子石变电站时，胡怡平只有 19 岁。她的工作是坚守在控制室的中央信号大屏幕前，时刻监察设备运行状况。某天夜里，她正在值班，突然间站内传来了一声异响，控制屏上异常信号开始频闪，控制室的警铃和喇叭竟同时发出了刺耳的警报声，这让她意识到：站内发生了非常严重的故障。当她根据控制屏信号提示，赶到事故发生点时，被眼前的一幕惊呆了！只见一台断路器发生了爆炸，各种碎片被崩得四处飞溅，整段母线都已失电，供区大部分地方已陷入一片黑暗。人生中第一次见到这样的场景，让她心里发怵，但肩上的责任却在鞭策着自己迅速行动起来。怀揣着不安的心情，她立即将现场情况汇报给了调度室，根据调度指令，第一时间穿戴好绝缘工作服，赶到事故地点，迅速隔离故障设备，确保其余完好回路可以正常送电。"头一回亲自处理这么大的事故，看见爆炸现场的时候，很难不害怕。但根本没有时间让我去做心理建设，身为电力职工的责任让我咬着牙冲上去。"她回忆说，也就是从那次开始，自己拼命地磨砺业务能力，以精益求精的态度要求自己，用实战经验和扎实的专业知识，将一次次的惶恐化为了从容。

"当年那一代电力职工潜心工作，不断提升技术，努力奋斗的精神影响着后面一代代电力人的成长。"朱铁军说，弹子石变电站不单纯是一处电力设施，它凝聚着重庆电力不断努力、不断探索、不断传承的精神财富。

突飞猛进　35 千伏电网快速发展

随着弹子石变电站的建成和投运，给予了重庆电力职工极大的提振和信心——重庆 35 千伏电网建设突飞猛进。短短几年间，重庆电网供电能力不断扩大，有力地促进了生产发展。

1953 年，重庆新建李子坝至小龙坎、鹅公岩至大渡口、鹅公岩至李子坝、大溪沟至李子坝、小龙坎至磁器口、九龙坡至李子坝大溪沟至五里店 35 千伏线路 7 条，长 67.2 千米。

1954 年，重庆新建李子坝、小龙坎、大渡口、磁器口 35 千伏变电站 4 座。新建九龙坡至刘家坝、小龙坎至石井坡、盘溪至大溪沟（南）、小龙坎至杨家坪、弹子石至郭家沱、北碚至先锋街刘家坝至钢铁厂、杨家坪至建设厂、中湾至肉联厂、玛瑙溪至水厂、盘溪至大溪沟（北）35 千伏线路 11 条，长 72.4 千米。

1955～1957 年间，35 千伏杨家坪变电站、35 千伏北碚变电站、苗儿石变电站相继建成

大溪沟至弹子石线路的过江铁塔

投运。重庆新建盘溪至二钢厂、石井坡至二钢厂、石井坡至嘉陵厂、双山至中湾、小龙坎至纺织厂、盘溪至小龙坎北碚至后丰岩 35 千伏线路 7 条，长 33.9 千米。

20 世纪 70 年代中期，弹子石变电站升压为 110 千伏。该变电站至今保存完好的"苏式"风格附属建筑，于 2023 年 2 月入选公司《电力文化遗产名录》。以弹子石变电站为代表的电力文化遗产，彰显了电力工作者矢志不渝推进党的电力事业的使命与担当，凝结了百年电力孕育滋养的精神品格和价值追求，是重庆电力人共同的宝贵财富和精神家园。

📖 延伸阅读

弹子石变电站：从"最年长"到"最智慧"

2022 年 8 月，西南地区首个"零停电"感知示范区在"重庆城市会客厅"——长嘉汇建成。至此，该片区配电网正式进入秒级"自愈"时代，供电可靠性将提升至 99.999%，年均停电时长小于 5 分钟，达到国内最高水平。"零停电"的感知理念也将让 110 千伏弹子石变电站再次迎来新生——公司计划在南岸区弹子石 CBD 拓展该感知理念，将这座西南地区"最年长"变电站改造为重庆最智慧变电站，融合全景看、全息判、全程控方式，打造成输、变、配集群式新型电力系统综合示范区。

（来源：中国新闻网 2022 年 8 月 5 日）

龙溪创佳绩　水火首相济

　　1953 年，新中国制定了第一个五年计划。1954 年，新中国第一个全流域梯级水电开发工程——长寿龙溪河梯级电站开工，狮子滩水电站作为"一五"计划第一批水电站中最大的工程建设项目，也是新中国第一个自己设计、自己施工的全流域梯级水电开发工程。1956 年，重庆第一座 110 千伏变电站——盘溪变电站投产。

新中国第一个全流域梯级水电开发工程——长寿龙溪河梯级电站大坝

水电丰碑　人才摇篮

　　"龙溪河哟长又长，滚滚奔流到长江。巨大的电站正在成长，龙溪河上歌声飞扬……"20 世纪 50 年代，一首《龙溪河上歌声飞扬》的歌曲火遍全国，歌词中描绘的正是龙溪河水电开发工程热火朝天的建设场景。

狮子滩水电站在长寿龙溪河梯级电站工程中最引人注目。

事实上，早在 1935 年和 1937 年，我国著名留美水利专家黄育贤就先后两次率队来到重庆考察水利资源，发现长寿龙溪河的桃花溪具有重大的开发利用价值，便提出在龙溪河兴建水电站的初步计划，并决定在狮子滩、上硐、回龙寨、下硐分别修建 4 座水电站，在狮子滩修建大坝作为龙头水库，以桃花溪水电站作为施工电源。

1954 年 8 月 1 日，狮子滩电站建设正式开工，是我国第一个五年计划重点建设项目。1955 年，进入全面施工阶段，建设队伍在纵横几十里的狮子滩水电建设工地上夜以继日地紧张劳动，施工高峰时固定职工 8400 多人，临时工达 3 万多人。仅 2 年多时间，狮子滩水库大坝基本建成蓄水，隧洞、调压井、高压水道、发电厂房、第一台水轮发电机组及全部电气设备安装相继完成。1956 年 10 月 1 日电站正式发电。1957 年 3 月，其余 3 台机组陆续装竣发电，全站总装机容量达到 4.80 万千瓦。

作为最早实现梯级开发的中型河流，以狮子滩电站为龙头的龙溪河水利开发，对地方经济的发展作出了重要贡献，是中国早期水电建设的重要成果，成为中国水利水电史上的重要里程碑。

苏联专家卓洛塔廖夫曾经感叹："狮子滩是新中国水电建设事业中先开的一朵鲜花。"由于这一朵"鲜花"的首先开放，它的种子被带到了岷江、三门峡、以礼河，洒向了全国各地，工程结束后更是开枝散叶向全国输出了数以千计的水电建设人才，对我国以后的水电工程施工建设和水电人才培养做出了巨大的贡献。

狮子滩水电站也成为新中国艺术家创作的宝库，曾经在文化艺术界掀起一股狮子滩旋风，以它为背景创作的画作、诗集、曲艺数不胜数——小说《红岩》就创作于狮子滩，封面上红色悬崖上挺立的青松，正是来源于狮子滩水库的大坪岛。

总理赞誉　亲笔题词

自此，长寿龙溪河成为我国最早完成梯级开发的河流，以狮子滩为核心的多个梯级电站也成为新中国水电工业的样板工程。

周恩来总理亲临视察

1958 年 3 月 5 日，周恩来总理偕国务院副总理李富春、李先念一行到狮子滩电站和长寿湖视察。周总理从升压站进场，一边看一边听取电站负责同志的介绍，听说 10.5 千伏发电机出线电压升高至 110 千伏，输送到重庆地区支援社会主义建设时，周总理说："很好！你们为国家的社会主义建设作出了贡献！"

在发电机层，周总理得知主辅机全部国产时，兴奋地说："好得很！事实证明中国工人阶级是非常聪明能干的，外国人能够办到的事，我们一定能够办到，外国人办不到的事我们也能够办得到！"

在长寿湖农场吃过午饭后，周总理一行又回到狮子滩水力发电工程局所在地，听取了综合开发利用龙溪河水力资源的工程汇报。周总理对狮子滩水电站系统工程质量优良，提前计划一年竣工投产、节约建设资金，对上硐电站先期续建完成投产，对正在续建施工的回龙寨和改建施工的下硐两个电站可按计划于 1959 年发电等表示满意，挥笔题词："为综合利用四川水力资源树立榜样，为全面发展四川经济开辟道路。"

日理万机的周总理之所以要在百忙之中视察狮子滩电站，除了对电站本身的重视外，也是为三峡工程寻求借鉴，为治理长江总结经验。

从 1958 年 2 月 26 日至 3 月 5 日，为研究治理长江规划、勘察与选择三峡工程坝址，周总理偕同国务院副总理李富春、李先念，带领国家有关部门、有关省的负责人和中苏专家、工程技术人员 100 余人，乘坐江峡号客轮（后来改为东方红号），从武汉溯江而上，对长江进行实地考察。这是一次规模大、时间长、影响深远的实地考察。考察的重点是三峡工程，起点是武汉，终点就是狮子滩。

而就在视察完狮子滩电站的次日上午，周总理在重庆主持讨论了这次实地考察的《总结纪要》。下午，周总理为三峡工程现场考察会作了总结讲话，提出了三峡工程建设"统一规划，全面发展，适当分工，分期进行"的十六字原则，强调要解决好远景与近期、干流与支流、上中下游、大中小型工程以及水火电结合等问题。

在一定程度上，狮子滩电站成为三峡工程的试验和缩影，电站的开发建设为三峡工程提供了借鉴，为治理长江总结了经验。

一条线路 "水火" 首遇

重庆第一座 110 千伏变电站——盘溪变电站

"你在狮子滩，我在盘溪，虽然我们无法相见，但我们的心始终连在一起。"多年以后，盘溪变电站原机电班班长李忠明读到了这样一封信，那是他的父母曾经的鸿雁传书。当年，李忠明的父母正是狮盘线上的建设职工。

在龙溪河梯级电站建设的同时，中国"一五"计划期间的另一个电力工业基本建设重点工程——长寿至重庆 110 千伏输电线路（简称狮盘线）也在如火如荼地建设中。

李忠明的父亲李卫华是参与盘溪变电站的建设第一批电力职工，而他的母亲王红梅则投身于狮子滩水电站的建设。在两人的书信来往中，既彼此倾诉着思念之情，也相互鼓劲为重庆电网的建设积极贡献力量。

"红梅，我们这里前两天下了一场暴雨，为了抢救施工图纸，我和同事在工地上忙碌了一个通宵。""卫华，狮子滩这边进展迅速，看到我国电力事业蒸蒸日上，我打心眼里开心。""红梅，我们忠诚于国，能够成为祖国电力建设的一份子，让我感到莫大的光荣。我相信，我们一定能取得最后的胜利。"……一封封穿梭在盘溪线上的来信，既见证了这条输电线的从无到有，也印刻下那一代重庆电力职工"舍小家，为国家"的奋斗理想。

1954 年 7 月，狮盘线完成了线路勘测设计；1955 年 6 月，狮盘线完成了通信线路架设，并于同年 7 月正式动工。在狮盘线建设的同时，110 千伏盘溪变电站也加紧施工，这也是重庆的第一座 110 千伏变电站。1956 年 12 月，狮盘线线路架设全部竣工；同月，110 千伏盘溪变电站也建成投运，主变压器 1 台，容量 3.150 万千伏安。

狮盘线和盘溪变电站是重庆第一条 110 千伏输电线路和西南地区第一座 110 千伏变电站，它们的投运更是标志着重庆实现了火电和水电的联网。"水火"首遇也使得重庆地区基本形成高压输电网络，供电范围由原来的市区扩展到巴县、江北县等部分区域，使重庆、长寿、北碚、南桐（现万盛）等地的钢铁、煤炭、轻化工业得到进一步发展。

从狮子滩到盘溪，从水电到火电的相会，重庆电网建设有了新的跨越。在这背后，是无数电力人心往一处想、劲往一处使的生动写照，也用自己的青春与汗水在重庆电力史书写下浓墨重彩的一笔。

📖 **延伸阅读**

狮子滩水电站成爱国主义教育基地

在中国水电人的心目中，狮子滩水电站是国内水电梯级开发的样板。这座运营了

80 多年的水电站，尽管褪去了"水电明星"的光环，但其承载着建设者们爱国奋斗、独立自强的精神，依然在被弘扬和传承。

2021 年，"狮子滩梯级水电站枢纽"正式被列入第四批国家工业遗产名单，成为爱国主义教育基地。近年来，狮子滩发电有限公司通过建设狮子滩水电文化展厅，打造水电实体博物馆，开发大坝红色文旅资源等方式，通过图文、实物、书法雕刻、文化墙、音视频等形式，将狮子滩水电文化遗产串联成一条爱国主义教育精品路线，让爱国奋斗精神永放光芒、代代传承。

（来源：《上游新闻》2021 年 3 月 19 日）

盘溪变电站迎来新使命

2023 年 2 月，盘溪变电站入选公司《电力文化遗产名录》。5 月，市北供电公司拟定了《盘溪变电站文化策展方案》，这座西南地区第一座 110 千伏变电站将迎来新使命。

市北供电公司对 110 千伏盘溪变电站的历史文化充分挖掘，利用原有厂区内遗留下的老工业设施、设备等，展现历史变迁带来的发展、机遇和挑战。围绕"重庆电力联网的起点"这一主题，打造党性文化教育基地，基地囊括"遗产"文化展厅、文化教学主楼、实训基地等节点空间。充分运用自身电力历史资源、人才摇篮基础，着力打造盘溪变电站为学习教育基地并广泛开展实践活动。将职工技能培训与爱国主义、爱岗敬业教育结合起来，将"红色文化基因"融入企业文化传播和职工教育的各个环节，使老站焕发新的生命与活力。

凉亭造奇迹　环网再升级

2023 年 9 月 14 日，国务院国资委在京发布中央企业工业文化遗产（电力行业）名录。其中，国网重庆市区供电公司 220 千伏凉亭变电站成功入选并获授牌。

1964 年，党中央作出"三线建设"的决定，新中国整体工业布局向内陆迁移。重庆，这座地处我国西南地区的重镇，由此成为西南地区"三线建设"最大的中心城市。随着一大批军工、民用企业的陆续迁入和新建，"电荒"成为重庆面临的新问题。

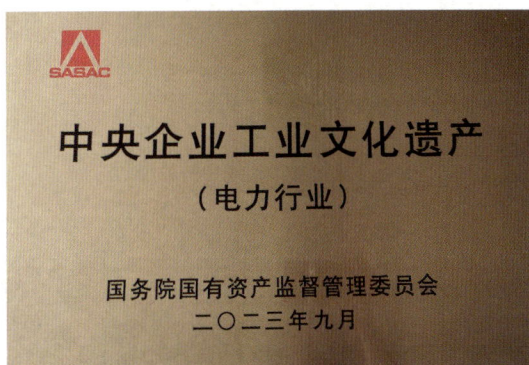

中央企业工业文化遗产

凉亭变电站诞生于"三线建设"历史背景之下，是重庆首座 220 千伏变电站，实现重庆与川南、川西电网连接，将川西水电东送至重庆。

手拉肩扛建电站　防空洞中启新篇

按照"靠山、进洞、隐蔽"指导思想，凉亭变电站最终选址于重庆歌乐山麓，距离"重庆电力炼钢厂"1.5 千米的防空洞自备发电厂遗址上。

物质贫乏、施工环境差、技术条件落后……当这一系列的现状摆在重庆电力职工面前时，凉亭变电站的建设难度可想而知。面对重重困难，职工们没有退缩和畏惧，他们"想在一起、干在一起"，无论遇见任何困难，始终"风雨同舟、同甘共苦"，齐心协力立志要在大山洞中创造奇迹。

没有起重、牵引等设备，职工们找来滚木、钢轨，一群人在前面拉，几十人在后面推，依靠人力一步步地将近百吨重的主变压器运上山。一台12万千伏安的主变压器，从山下到山上，整整"走"了一个多月。

防空洞成为职工们的"家"，吃住在洞中，成了他们的常态。"那时候重庆电荒，任务很紧迫，因为远距离输电采用了更高等级电压，组织信任我们才派我们到凉亭来，大家都觉得很光荣。记得通电后的一个晚上，我躺在防空洞内的行军床上，盖着湿润的被子，望着防空洞顶，我就想，这辈子能参与这样一件事，值了！"退休职工陈朝信激动地回忆道。

凉亭变电站投运

重庆电力职工们凭借着艰苦奋斗、无私奉献的精神，借助着双手和双肩硬是在大山之中将奇迹变成现实——1972年5月15日，凉亭变电站成功投运，耗时仅仅3个月，创造了220千伏输变电工程建设的最短工期纪录，及时缓解了当时重庆地区电力不足的情况，重庆电网与四川电网实现了220千伏联网，极大促进了西南地区工业发展，重庆电网由此开启新的篇章。

在凉亭变电站工作了26年的职工陈双荣很怀念那段岁月。他动情地回忆道，"我来凉亭的时候设备已经安装好了。当时有机修班、电修班、高压试验班、继保班、热工、仪表……大家工作在一起，生活在一起，像一家人一样。"

接续奋进建环网　川黔电力入渝来

凉亭变电站的建成及投运，为重庆 220 千伏电网的建设注入了强大动力。

1977 年，220 千伏宋家坝变电站建成投运；1978 年 11 月，四川省电力局修建的 220 千伏输电线路——向綦线（向家岭—綦江）投产，全长 207 千米，同期新建的 220 千伏綦江变电站投运；接着，220 千伏输电线路——向黄线南线（向家岭—黄荆堡）建成，全长 171.9 千米；1980 年，新建的 220 千伏输电线路——代朱东线（代市—朱家坝）投运，全长 89.7 千米，同期建成的新的 220 千伏代市变电站也几乎同时投运；接着建成 220 千伏输电线路——朱界线（朱家—界石堡），全长 50.9 千米；建成 220 千伏输电线路——凉界线（凉亭—界石堡），全长 19.6 千米。这几条线路的建设，使华蓥山电厂所发电力经代市—朱家坝—界石堡—凉亭，输送至重庆。

虽然通过 220 千伏供电线路的建设，川西水电输送至重庆，但重庆电力仍存在较大缺口。为缓解这一局面，220 千伏贵州遵义至綦江线路正式开建，并于 1982 年 2 月投产。该线路全长 188.3 千米，将重庆电网与贵州电网联系在一起，其建成投运实现了川黔两省电力联网，贵州电网将部分电力输送至重庆。

此外，20 世纪 80 年代初，以重庆主城区为中心的 220 千伏环网建设也拉开大幕。1987 年 10 月，随着重庆电厂扩建配套送出的 220 千伏工程和双山变电站升压改造完成，重庆电网 220 千伏变电站达到 7 座，形成了以 220 千伏为骨干网架的内环网。

2001 年 5 月，二滩送出工程 220 千伏鸡冠石变电站竣工。加上珞璜电厂二期配套送出工程全部建成，重庆电网 220 千伏变电站达到 25 座，220 千伏电网结构第三次大调整，形成 220 千伏双环网。

凉亭变电站是重庆第一座 220 千伏变电站，建于防空洞之中，历经艰苦创业，承载了特别负责任、特别能战斗、特别能吃苦、特别能奉献的"电网铁军"精神，彰显了一代代电力工作者矢志不渝推进党的电力事业的使命与担当，也把守护光明的接力棒传给了更多的变电站，继续守护重庆电网。

延伸阅读

凉亭变电站：重庆电力人才摇篮踏上新征程

凉亭变电站不仅创造了西南电力工程技术多项第一，还被誉为重庆电力人才成长的"摇篮"，先后培养了近千名电力骨干。从这里走出去的电力人，成长为各个岗位上的精英，包括四川省电力公司劳动模范赵步奇、重庆市劳动模范刘之浩、国网技能专家张黎等。

1998年，凉亭变电站主控室从防空洞内搬迁至室外开关场一侧；2011年起，变电站实现无人值守，进入全新运行管理模式。

2022年4月22日，市区供电公司组织开展"百年心向党奋进新征程"主题团日活动，20余名团员青年与退休老同志一起走进凉亭变电站，聆听凉亭记忆，传承电力精神。

凉亭变电站见证了重庆电网由小到大、由弱变强的发展历史。如今，重庆电力人从凉亭变电站出发，传承电力前辈们艰苦奋斗的"三线精神"，从历史中汲取前进的智慧和力量，踏上新的征程。

（来源：《澎湃新闻》2021年5月10日）

迈入超高压　区域大贯通

山水之城，美丽之地。重庆这座魅力之城的璀璨夜景，吸引着众多游客前来"打卡"观景。

重庆第一座 500 千伏变电站——陈家桥变电站

如果将时间拉回到 1997 年重庆直辖之初，这样的景象并不常见。由于当时重庆电网网架结构落后，供电能力严重不足，导致"有电送不出，有电落不下"。为适应全市快速增长的电力需求，"两横三纵"500 千伏网架逐步建成，重庆电网正式迈入"高速时代"。

第一座 500 千伏变电站投运

"2000 年 3 月 5 日。"尽管时隔 20 多年，原陈家桥变电所技术专责李幼平依然清晰地记得，陈家桥变电站正式建成投运的日子。这是重庆第一座 500 千伏变电站，实现了重庆电网由 220 千伏向 500 千伏升级。

从开始筹备到实现 500 千伏变电站建成投运，李幼平既是亲历者，也是见证人。她坦言，500 千伏电网建设是重庆电网的一次新的跨越，也是铭刻在众多公司职工心中宝贵的经历。

"参与筹备、建设的都是年轻人。"李幼平回忆道，自己刚结婚没多久就接到调令，没有半点犹豫就来到当时的陈家桥变电所。和她同时进所的同事们大多数年龄相仿，都怀揣着一腔热血，希望尽快能够让重庆第一座 500 千伏变电站变成现实。当年，陈家桥变电所地处偏僻，交通不便，李幼平和同事们为了不耽误工作，一周都待在所里，只有周末才回家一次。

在这之前，重庆电力系统还没有 500 千伏变电站建设投运的经验，于是，"走出去学习"成为李幼平和同事们的工作常态。那几年，全国率先投运的 500 千伏变电站都留下过她们的身影，跟班学习、观摩技术操作、掌握规范流程……她们争分夺秒地为自己"充电"。

学习归来，李幼平和同事们又投入到紧张的投运准备工作中。一次规程、典型操作示范图例、标准化作业指导书……这一切都要从零开始，全靠她们自己一字一句编写、一笔一画描绘。"投运方案经过了无数次集体讨论和修改，然后一次又一次的模拟操作，就为了投运万无一失。"李幼平说。

一天一夜，或许在很多人生命里是普通的 24 小时。但 2000 年 3 月 5 日那天，是李幼平和同事们一生难忘的时刻。"随时观测着各种数据，每分每秒都不敢闭一下眼睛。"当投运成功的喜讯传来时，忙碌了一个通宵的李幼平和同事们如释重负，泪流满面。

"陈家桥变电站投运的意义不仅为重庆超高压电网建设奠定了基础、培养了人才，还使得重庆超高压电网的建设和运行朝着更加安全、更加规范的目标迈步前行。"李幼平说道。

坚强的 500 千伏网架联通四方

"500 千伏电网输送能力更强，输送距离更长。用形象比喻来看，500 千伏电网运行就像汽车在高速路运行，输送能力大大提高。"超高压公司周刚阐释道。

随着陈家桥变电站的成功投运，重庆 500 千伏变电站的建设按下了加速键。

2007 年 12 月 6 日上午 10 时整，在 500 千伏巴南变电站内，重庆市、国家电网有限公司领导共同合上 500 千伏隔离开关，强大的电流经重庆"日"字形环网通向四面八方。

"陈家桥变电站投运之后，又新建了 500 千伏巴南变电站、500 千伏永川板桥变电站、500 千伏隆盛变电站、张家坝 500 千伏开关站、500 千伏铜梁变电站等，每一座变电站的建设投运，都是一次极大的挑战。"周刚回顾道。

超高压公司变电检修中心李磊全程参加了当年永川 500 千伏板桥变电站的投运验收工作，那是一段令他至今难忘的经历。"板桥变电站是公司第一次独立建设的 500 千伏输变电工程，也是工期最短的一个，短短 11 个月内，要完成建设项目 1900 多个、验收项目 2300 多个，这在华中片区输变电工程建设史上也是前所未有的。"

电力职工热火朝天建设 500 千伏变电站的场景，成为那几年重庆电网建设最生动的写

照。"所有人都投入其中，寒来暑往，不分昼夜，忘我奋战。"公司特高压建设筹备组负责人范文玲回忆道，"最令我感动的是，在500千伏铜梁变电站投运过程中，团队成员杜晓南是铜梁人，在变电站连续驻守了三个多月，一次都没有回过家。"

2011年，随着500千伏圣泉变电站等投运，重庆提前三年建成了500千伏"日"字形双环网。2015～2021年间，随着川渝第三通道和渝鄂背靠背南北通道的相继打通，500千伏电网再次变为"两横三纵"网架。

攻坚克难为500千伏电网保驾护航

"500千伏无小事。"超高压公司周刚说。这句话，也是所有一线职工坚守的信条。

2008年，刚投运一年的张家坝500千伏开关站，遭遇特大冰灾，发生倒塔事故。经过紧急抢修后，检修、调试工作成为重中之重。这项重任落在超高压公司变电检修中心李磊团队肩上。

"张家坝开关站承担着恩施联络线的任务，是重庆电网500千伏'日'字形环网的重要节点之一，"李磊说，"必须用最短的时间完成调试恢复送电。"当时，重庆主城与张家坝开关站所在的彭水县还未开通高速公路，李磊团队足足用了一天的时间才赶到。没有片刻休息，他们便投入到早出晚归的紧张调试中，这样的节奏一干就是十多天。

在那十多天里，团队成员分成两组，通宵连续奋战。有一天，当他所在的小组完成交班，准备返回驻地休息时，遇到一辆大货车发生故障挡住了道路，导致他们回不去。"只有回到驻地才能吃上晚饭，我们都还饿着肚子。但看到堵车后，所有人都异口同声地说，干脆调头返回继续干活。"说起这个"小插曲"，李磊目光坚定，很是感慨，"身为一名电力职工，只要任务未完成，坚决不收工！"

保驾护航500千伏电网，不仅要面对急难险重，还要攻克一个个技术难关。

2021年4月25日，在位于重庆市永川区的500千伏板桥变电站和500千伏板陈线，两架无人机同时腾空而起，通过精准的实时动态载波相位差分技术定位，灵活穿梭于变电站和输电线路上空，对输变电所有设备进行巡检。

"在变电站内飞无人机，以前连想都不敢想，更何况是如今的 500 千伏输变电一体多机自主巡检。今天这次试验的难度，就像站在火山口发射飞行器一样难。"无人机技术攻关团队骨干杜小东打了一个比方。

为了破解这些无人机自主巡检难题，超高压公司技术攻关团队创新突破，攻克了变电站高精度三维建模、无人机巡检航线规划、复杂环境抗干扰等一系列关键核心技术，在行业内率先掌握了高电压等级变电站无人机多机协同自主巡检技术，有效解决了超高压变电站高空区域巡视难、效率低、高风险等难题。

"传统的人工巡检，全面巡视一遍，2 个人至少需要 2 个小时，现在无人机自主巡检，不再需要人员干预。原来站内高空设备巡检，需停电并由专业人员爬到高处进行作业，存在安全隐患，费时费力。现在应用无人机自主巡检，很好地解决了这些难点，实现了安全、质量、效率三大提升。同时，通过站线联巡也为线路故障后利用无人机及时发现故障点积累了宝贵经验。"超高压公司相关负责人说。

机器人例行巡视（刘青川　摄）

无人机巡检 500 千伏电网是公司在超高压领域技术创新的一个缩影。随着电网布局的持续完善，重庆电网设备也在不断升级换代。其中，500千伏陈家桥变电站投入使用国内首套自主研发的静止无功补偿器（SVC），圣泉变电站首次运用500千伏气体绝缘金属封闭开关（GIS）设备，铜梁变电站启用全国容量第二大的静止无功发生器（SVG），玉屏变电站的投运更标志着500千伏电网迈入了智能化建设时代。

延伸阅读

数说重庆超高压电网

19座：截至2023年8月，重庆已建成投运500千伏变电站19座。

14个：如今，重庆500千伏变电站覆盖规模已扩大到14个区县。

69条：重庆500千伏电网线路长度从最初的2条线增加至69条线，线路长度5100多千米。

378回：电缆线路从0回提升至378回，长度达到720多千米。

3625万千伏安：变压器容量从陈家桥变电站的150万千伏安，提升至如今的3625万千伏安。

特高压入渝　电网新跨越

　　随着经济社会快速发展，重庆能源需求刚性增长，但"外电入渝"通道不足、输送容量受限，严重影响全市中长期电力保障的安全性和灵活性。因此，加快特高压电网入渝是重庆电力发展的必然选择。

特高压白浙线渝 2 标段施工作业现场（刘伟　摄）

开启特高压建设新征途

　　在超高压公司，特高压建设筹备组所在的那间办公室，通宵达旦地工作已经成为常态。

　　"外界对特高压建设并不熟悉，很多人觉得还处在筹备阶段，怎么会如此忙碌？但事实是，我和团队成员恨不得把一分钟掰成两分钟来用。"特高压建设筹备组负责人范文玲说，他们每天工作的忙碌程度只有自己知道。

范文玲是运营维护专业出身，职业生涯里先后投运过 110 千伏、220 千伏、500 千伏等众多变电站。当接到特高压建设筹备组的调令时，她欣然接受了这个全新挑战。"特高压建设是公司重中之重的工程，能够参与其中，我感到无比骄傲。"她说。

和范文玲一样，特高压建设筹备组的成员都是从公司各个供电单位选拔而来的佼佼者，组成了重庆特高压建设的"先遣队"。尽管成员们都身经百战，技能突出，但面对从设备到技术规范都是全新的特高压领域，每个人都面临着极大的挑战，都将开启一次新的征途。

从头学习，便是特高压建设筹备组所有人迈出的第一步。西昌雅砻江站、四川盐源站、山东沂南站……全国率先投运的特高压变电站，成了这群人学习打卡的"课堂"。"每天跟班学习，学别人怎么技术操作、怎么集中检修、怎么规范管理……一天的学习之后，还要完成技术报告、课题成果等，每天都是凌晨一两点才休息，早上六点多钟又要开始新一天的跟班学习。"范文玲说起学习经过，如数家珍。

当重庆特高压项目进入设计阶段后，成员们又化身"空中飞人"。"全年有一大半的时间往返于重庆和北京之间。"范文玲说，频繁地去北京接受总部专家对于设计方案的审查，白天回应专家提出的疑问和建议，晚上回到宾馆后马上开会讨论修改方案，熬夜到凌晨司空见惯。她印象最深的是有一次，因为飞机晚点，成员们从北京回到重庆已经是清晨 5 点多钟了。"回到家，简单洗漱后，我们又坐在了筹备组的办公室里。"

在这样的工作节奏下，成员们没有一句怨言，反而是全身心地投入到特高压的各项建设筹备工作和学习充电中。范文玲欣慰地说，工作之余，成员们都会主动看书学习；每次出差，坐在候机大厅，每个人手捧着平板电脑，一边看着资料，一边做着笔记，大伙儿刻苦钻研的场景令人感动。

"对我们而言，目前特高压是一个全新的'天花板'，但不管有多少难关，凭借着大家的这股劲头，就一定能够闯过去。"范文玲说，她的心愿就是让建设筹备组成为公司特高压建设人才培养的"摇篮"，未来有更多的人才从这里走出去。

实现川渝高效率长距离输电

事实上，多年前重庆就有过建设一条特高压线路的设想，从而达到既能满足电力，又让供电有新通道的目的。2020 年，川渝 1000 千伏特高压交流工程被纳入国家《"十四五"电力发展规划》明确的重点输电工程以及《共建成渝地区双城经济圈 2023 年重大项目清单》，当初的设想开始慢慢走进现实。

按照规划，川渝 1000 千伏特高压交流工程将新建四川甘孜、天府南、成都东和重庆铜梁 4 座特高压变电站，四川的清洁水电便能通过特高压交流电网送至川渝各地，让西南地区的电力资源利用更高效，进一步推动成渝地区双城经济圈建设。

建设中的铜梁 1000 千伏变电站全景（李第甲　摄）

2022 年 12 月，位于少云镇的铜梁 1000 千伏特高压变电站开工建设。这是川渝 1000 千伏特高压交流工程在重庆市设立的唯一一座变电站，预计 2024 年 12 月完成建设并具备带电条件。特高压变电站场平施工项目部副经理殷鑫介绍，为加快建设进度，项目部采取分区域移交、不同工序同步作业形式，合理有序组织施工力量。其中，在变电站桩基施工区域内，利用北斗科技赋能，采用自动化施工、流水式作业，不仅提升了桩基定位精度和施工质量，还大幅降低了人工作业量。

2023年3月，在潼南小渡镇，川渝特高压交流线路工程天府南——铜梁1000千伏线路（重庆段）启动建设。整条线路从潼南区新胜镇钟峰村到铜梁1000千伏特高压变电站，全长21千米，途经重庆潼南和铜梁两个区，以丘陵、山地为主，安全和质量控制难度较大。建设公司现场项目经理姜斌说，"该工程铁塔全部采用钢管塔，平均单基重量高达215吨，创下了重庆输电线路工程中平均单基铁塔最重的纪录；线路基础、组塔、架线全部采用机械化施工，是重庆第一个实现全机械化作业的输电线路工程。"

根据《重庆市"十四五"电力发展规划》，到2025年重庆市外来电力最大输送能力将达到1900万千瓦，市内发电装机规模达到3650万千瓦，将形成疆电、川电、三峡电站以及市内电源共同组成的多元电力保障体系。

推进"疆电入渝"服务能源保供大局

2023年8月8日，哈密——重庆±800千伏特高压直流工程开工仪式

2023 年 8 月 8 日，"疆电入渝"重大工程哈密—重庆±800 千伏特高压直流输电工程、栗子湾抽水蓄能电站工程开工建设。

"'疆电入渝'和栗子湾抽水蓄能电站项目建设是深入贯彻习近平总书记重要指示精神的重要举措，对推动能源生产和消费革命，促进区域协调发展具有重要意义。"时任国家电网有限公司党组书记、董事长辛保安说道。

在这之前，"疆电入渝"的各项工作已在紧锣密鼓地推进中。

众所周知，新疆能源丰富。其煤炭资源储量居全国第一。2021 年国家核准批复的 10 个煤矿项目中，新疆就占了 8 个。除了储量丰富，新疆的煤炭还具有优质低价的特点。此外，新疆风光能资源也极其丰富，储量居全国第二。"疆电入渝"前期可以解决重庆稳定获得火电的问题，后期更能为重庆提供源源不断的清洁电力。

2021 年 12 月，国家《"十四五"电力发展规划》明确"十四五"期间建设哈密基地"疆电外送"第三通道配套电源项目。

2022 年 3 月，"疆电入渝"配套电源项目规划获国家能源局批复。同年 7 月初，新疆重能石头梅电厂项目进行可行性研究报告审查，并获得通过，标志着"疆电入渝"项目外部送电板块建设按下"加速键"。

2023 年 7 月，国家发展改革委核准批复哈密—重庆±800 千伏特高压直流输电工程。该工程起点位于哈密市巴里坤县，落点位于重庆渝北区，线路全长约 2290 千米，设计输电能力 800 万千瓦，配套电源规模为 1420 万千瓦，其中火电 400 万千瓦、风电 700 万千瓦、光伏 300 万千瓦、光热 20 万千瓦，另配建 10%～20% 装机的储能装置。哈密市巴里坤县三塘湖换流站、渝北换流站，分别为"疆电入渝"特高压直流输电工程的起点和终点。

"'疆电入渝'工程计划 2025 年整体建成投运，年送渝电量 360 亿千瓦时以上，清洁能源电量超过 50%。"公司相关负责人表示，作为国家专项规划的重点项目，栗子湾抽水蓄能电站建成后将进一步增强"疆电入渝"工程消纳和储备能力，有效提升全市电力系统调峰能力，对重庆构建清洁低碳能源体系、促进经济社会可持续发展具有重要意义。

三条特高压线路过境重庆

2008年底，公司启动特高压电网建设。到2017年3月，已建成投运三条±800千伏特高压直流线路的重庆段共678.552千米，这标志着重庆跨入全球最先进的输电技术特高压电网新时代。

向家坝—上海±800千伏特高压直流线路是第一条经过重庆，并由公司参与施工建设和维护的特高压输电线路。该线路重庆段经过江津、巴南等7个区县，全长288.665千米。这是当时由国家电网有限公司自主研发、设计、建设的世界电压等级最高，输送电量最大，送电距离最远，技术最先进的直流输电工程，作为世界电力发展史上新的里程碑，对于重庆电力行业具有划时代的意义。

锦屏—苏南±800千伏特高压直流输电线路，是经过重庆的第二条特高压直流输电线路。该线路长度在全国首次突破2000千米，达到2059千米。其中，重庆段经过江津、綦江等7个区县，全长288.887千米。

酒泉—湖南±800千伏特高压直流线路为世界最长的特高压直流线路，是经过重庆的第三条特高压直流输电线路。该线路全长2383千米，年输电量400亿千瓦时，其中重庆段长101千米，途经巫溪、巫山县。2016年，重庆段在全线率先组塔、放线施工，同年10月全线贯通。

（来源：《重庆电力》2018年第4期）

数智化赋能　奋进新征程

　　2021 年，党的十九届六中全会召开，提出立足实现"双碳"目标和保障能源安全，构建新型电力系统。公司启动能源电力消费侧"碳达峰、碳中和"工作方案，拉开"渝电特色国网示范"新型电力系统建设帷幕，推进新型电力系统建设，迈入建设新型电力体系的新时代。同年 12 月 16 日，售电量突破 1000 亿千瓦时，同比增长 14.8%。

　　目前，公司以"三大特色、五个推动、九大提升工程"构建"渝电特色国网示范"新型电力系统为目标，创新开拓，奋勇争先，一个个耀眼的佳绩，如同一束束光照耀在巴渝大地上。

助力长江上游第一大岛更"绿"

　　在距离重庆市中心 11 千米的长江边，躺卧着一座面积 10 平方千米的小岛——这就是被称为"长江上游第一大岛"的广阳岛。

在络绎不绝的游客人群中，市南供电公司发展策划部员工穿梭其中，他们开展着变电站规划、电缆沟道选址等前期工作，为加快推进广阳岛能源互联网示范区建设做足准备。

"将从'高可靠供电、绿色智慧用能、新型智慧城市建设'三个方面，开展广阳岛能源互联网示范区建设，助力广阳岛片区绿色可持续发展。"公司互联网部相关负责人介绍，通过绿色智慧能源示范系统建设，将构建"冷、热、电、光多能互补，源网荷储协调互动"的绿色智慧能源互联生态体系，实现广阳岛清洁能源利用率100％、绿色交通出行率100％、供电可靠性达到99.99％、码头岸基供电设施覆盖率100％，形成多种形式互补的充电圈，建成长江经济带绿色智慧用能的示范基地、体验基地、创新基地。

同时，在保障广阳岛高可靠供电方面，公司将应用最前沿电网技术和装备，从坚强网架、智能变电站、智能开闭所、高可靠设备、分布式储能、智能运维等开展工作，实现广阳岛片区电网智能化运维、故障快速隔离和处理、清洁能源柔性接入，保证广阳岛片区高可靠供电。

公司加强广阳岛绿色用能建设，通过推广光伏发电系统、江水源热泵供冷/供热系统、地源热泵系统等建设，实现智慧用能；通过充电设施建设、港口岸电建设、无人驾驶电动汽车应用和电动汽车分时租赁平台建设，实现岛内100％绿色出行。

此外，公司在推进广阳岛新型智慧城市建设方面，通过智慧照明、智慧电器、多表集抄、多功能灯柱、能源数据中心建设，建设国内绿色低碳综合"示范区"，为长江绿色经济带可持续化发展探索经验。

勇当"碳"路者，"绿电"引擎注入发展动能

在海拔接近2000米的重庆丰都雪玉山顶，一座座巨大的风机不停旋转，绿色电能由此输送到千家万户。

丰都供电公司输电线路班班长毛彪，正带领班员巡查回山坪风电场的电力线路，保证

丰都"零碳"电力供给构想（刘远平　摄）

输电通道畅通。回山坪风电场项目共有 40 台风力发电机组，总装机容量 8 万千瓦，为 12 万户家庭提供了源源不断的绿色电力能源，节约标准煤 2.34 万吨，减少二氧化碳排放 6.3 万吨。

这是丰都县聚焦"绿电"产业，大力发展各类清洁能源的一个缩影。近年来，该县积极推动清洁能源基地建设，积极推动能源绿色低碳转型，现已形成以一座 220 千伏变电站为枢纽，五座 110 千伏及 10 座 35 千伏变电站为骨架的坚强电网。

在丰都久桓城时代广场屋顶，一片面积为 500 平方米的光伏电池板排列整齐，这个屋顶分布式光伏电站装机容量 86.4 千瓦、年均发电量约 7.6 万千瓦时。丰都供电公司营销部负责人介绍，2021 年 9 月，丰都县进入国家能源局整县（市、区）屋顶光伏开发试点名单，丰都电网现已累计接入分布式光伏电站 60 多户，总装机容量约 6000 千瓦。

2022 年，丰都供电公司还投入资金约 3000 万元，打造长江丰都梅塘湾绿色零碳码头、保家寺养猪场"光伏＋养殖＋储能"乡村振兴示范项目，建成"可观可测可控"清洁能源全消纳成果展示中心，高标准推进新型电力系统试点示范建设。

清洁能源项目的加速落地，源源不断地为丰都县绿色发展蓄势赋能。目前，丰都县的风电装机容量 43 万千瓦,占重庆全市的五分之一,页岩气储量 1340 亿立方米、原油储量 5300 万吨的复兴区块页岩油气田项目已实现勘探利用,装机容量 140 万千瓦的抽水蓄能项目正加快推进,以天然气发电、风电、水电、光伏发电为重点的多能互补、系统融合的多元形态电网逐步形成。

科技赋能让电网成为"智慧脑"

"我们根据居民用户用电数据,对用户用电情况进行大数据分析,分析居民在家时间,从而为普查员提供入户调查时间建议和入户次数建议,助力人口精准普查,提高成效。"据铜梁供电公司相关负责人介绍,自 2020 年 10 月以来,公司已为普查员分析提供 754 条有价值信息,助力高质量完成第七次全国人口普查任务。

以电力数据助力人口普查,仅仅是铜梁供电以能源大数据应用提升服务质效的一个方面。2020 年 3 月,由铜梁区大数据局和国网重庆电力互联网部统筹协调,铜梁供电承建的西南首家地市级能源数据中心—铜梁区能源数据中心正式上线,用科技赋能让电网成为"智慧脑"。

"多亏有了这笔贷款,我们的资金周转问题一下就解决了。"2023 年 6 月初,重庆瑞盛模具有限公司总经理刘正伟心里的石头落了地。前段时间,他所经营的模具制造、销售企业出现周转资金缺口,便通过农行铜梁支行的"用能贷",成功申请了 171.4 万元的贷款,解决了原材料采购资金难题。

"用能贷"是指铜梁区能源数据中心运用用户用能分析体系,对特定用户的生产经营状况、管理状况等做出综合性指标评价,为企业"精准画像"后,由合作的金融机构向企业提供融资产品。截至 2023 年 5 月,"用能贷"已为该区 19 家企业助贷 62 次,共计 3112 万元。

铜梁区大数据发展局产业发展科科长朱德渝介绍,针对区域内能源生产需求和能源消费新模式,铜梁成立了西南地区首家地市级能源数据中心,依托重庆市电力公司数据中台,采用线下收集、实时接入等方式,累计汇聚铜梁近 10 年来的电、水、气、油等各类能源大数据 2000 余万条，初步实现了政府统计数据和"电、水、气、油"等能源数据的归集和管理，可以便捷地查询相关企业的实时用能情况。

在此基础上，平台拓展建设了铜梁区能源数据中心、便民服务中心分平台、高新区分平台，开发建设了能源发展、能源监测、专题分析 3 大板块共 13 个主题应用，研发各类数据产品 15 个。

电力员工在重庆市能源大数据中心开展电力大数据分析研究

"除了掌握用能企业变化并为其提供金融支持外，能源数据中心还能跟踪用能行业变迁，为政府行业规划和产业引导提供有效参考，有效降低地区能耗。"朱德渝介绍，以电力监测为例，铜梁区能源数据中心的智慧大屏不仅显示着全区及一、二、三产业用电量及增速的精准分析，还有产业用电及城乡生活用电占比，以及最新的十大用电企业排行等。

2021 年 11 月 25 日，重庆市江北区能源大数据中心建设投运。至此，由公司承担的 1 个市级、38 个区县级能源大数据中心已全面建成，形成市、区（县）一体化服务格局。该中心通过分析全市能源生产、消费以及行业发展现状，支持各行各业新产业、新业态、新模式发展，服务政府现代化治理，持续为智慧城市和社会经济发展赋能。

三大智能变电站提升电网数智化

用数智（数字化、智能化）技术为电网保驾护航，重庆电力不断开拓创新，结出累累硕果。

2015 年 4 月 16 日，重庆首座 500 千伏玉屏智能站成功投运，标志着重庆电网迈入 500 千伏智能变电站时代。

2017 年 4 月 17 日，渝东南首座 500 千伏智能变电站——五马变电站建成投运。全站采用数字化和智能化标准建设，具有设备简洁化、网络归一化、设备集成化的特点，成功实现了数据采集数字化和系统操作智能化。

在重庆市两江新区金渝大道岚峰隧道北侧，沿着蜿蜒公路向上，很快就能见到一栋"吊脚楼"式的建筑物。如果没有人介绍，很少有人会想到，这是一座 500 千伏变电站——这便是赢得了中国建设工程鲁班奖的金山变电站。该站是国内首座架空平台式全户内 500 千伏变电站，依山而建，简约轻盈，极具现代美感。

金山变电站是服务成渝地区双城经济圈发展、加快重庆建设山清水秀美丽之地的重要电力基础设施。建设过程中，公司通过新技术确保设备高精度安装，把"精细"这两个字

做到了极致。"以主变压器安装为例，室内空间纵深仅约 12 米，宽度为 7.5 米，横梁高度只有 4.8 米。通过反复演算，我们最终决定采用吊臂短且无大钩的折臂吊车，顺利完成了安装任务，真像在'螺蛳壳里做道场'。"一位参与建设的职工感慨道。

精细管控塑造精致细节。金山变电站电容器、电抗器、蓄电池安装规范，5888 处设备跨接、接地可靠美观；723 个表计朝向一致，引下管线工艺精美，23 万米长的二次接线 S 弯弧度一致；6125 米管道安装横平竖直，坡向准确……该工程先后获省部级科技进步奖 7 项、发明专利授权 1 项、实用新型专利授权 22 项，取得省部级工法 1 项、QC 成果 7 项，获全国 BIM 大赛二等奖，形成标准 3 部。

同时，金山变电站以清洁低碳的方式满足区域经济用电需求，在践行绿色发展理念中释放城市发展动能。该变电站应用玻璃纤维吸音棉、雾炮机等，使工况噪声低于标准 15%；采取覆膜养护及雨水循环等措施，节约用水 1250 立方米；优化主变压器进线构架，应用气体绝缘母线（GIL）连接，节材率达 19.5%；应用照明系统智能管控，年节约用电量 3.66 万千瓦时。

📖 延伸阅读

电网建设探索新路子

解放碑商圈位于重庆主城核心区。地上，高楼林立，重要客户云集；地下，各类市政管网、轨道交通、防空洞等像蜘蛛网一样交错纵横。在这样的条件下建设电网，要满足高负荷密度环境下客户的可靠用电需求，公司难上加难。公司员工善于动脑筋，走出了一条政企联建电网的新路子。

2013 年，重庆市渝中区政府为缓解解放碑商圈地面车道压力，启动建设了解放碑地下环形车道工程。公司得知这一消息后，决定"搭顺风车"，在车道下方同步修建一条环形电力隧道，满足解放碑商圈发展用电需求。

环形电力隧道与环形车道同时施工、一体成形，这在电力隧道施工方面的一次创新尝试。电力隧道与环形车道由政府组织施工单位统一施工、统一开挖，极大地降低了电力隧道与地下管网、轨道、防空洞等产生交叉跨域时的施工协调难度。政企联建电网既破解了解放碑商圈未来 20 年的发展用电难题，又让电网建设成本节省了超过四成。

而在朝天门商圈，供电企业与开发商合作的模式，也为城市核心区电网建设给出了新的方案。

在重庆的新地标建筑来福士广场东南角的裙楼中，藏着一座占地 1100 余平方米、建筑面积超 4100 平方米的变电站——110 千伏朝天门变电站。按照原规划，110 千伏朝天门变电站于"十四五"时期启动建设。由于来福士广场的落户，这座变电站开始超前建设。2017 年初，市区供电公司得知来福士广场项目落户朝天门后，立即修编规划，采用"两联三优"（政企联动、工程联建、优先建设、优质服务、优化发展）模式，提前启动变电站建设。

开发商与供电企业合作建设、变电站与楼盘巧妙融合成为朝天门变电站建设的最大亮点。该变电站建成投用后，进一步优化渝中半岛电网构架，提高朝天门地区和解放碑商圈的电网质量，对渝中乃至重庆商业市场的未来发展起到重要的推动作用。

（来源：《澎湃》2022 年 9 月 2 日）

第3章

铁肩担当：联责任·供好电

　　万家灯火明，风雨映初心。

　　用责任守护光明。面对洪水、冰灾、地震、疫情、山火等严峻考验，重庆电力人积极响应党的号召，党委靠前支部攻坚，党员团员无畏逆行，不讲条件、不惜代价，哪里需要就冲向哪里，哪里困难就出现在哪里，上下一心共克时艰，全力守护电网安全生命线和民生用电底线，第一时间为人民群众送去了希望和光明，在大战大考中展现了"责任央企"的铁军风采和铁肩担当。

　　用光明诠释责任。面对新时代新征程新任务，我们要始终坚持以党和国家工作大局为重、以人民群众根本利益为重，主动扛起大国重器"顶梁柱"的责任担当，全面统筹发展和安全、统筹保供和转型，深入推进"一体四翼"高质量发展，全力保障电网安全稳定运行和全市电力可靠供应，以实际行动兑现"人民电业为人民"的庄严承诺。

水涨人退电停　水退人进电通

面对直辖以来历次特大洪灾，公司扛起"大国顶梁柱"的责任担当，通过周密部署、精心组织，不惧艰险、顽强拼搏，打赢了艰苦卓绝的抗洪保电攻坚战，守护了巴渝大地万家灯火。

向总书记报告：电网绝对安全

"轰轰轰……"2007年7月16日夜，巴渝大地电闪雷鸣、暴雨倾盆。在短短的6小时内，沙坪坝区骤降暴雨达 233 毫米，遭受了自 1891 年有气象记录以来最大暴雨袭击。

回龙坝镇梁滩桥村是重庆市的重灾区之一。

22 日上午，一辆银灰色的中型客车驶到梁滩桥村凤回公路边。车门打开后，时任中共中央总书记、国家主席、中央军委主席胡锦涛从车上下来。

灾后重建牵动着总书记的心。22 日 9 时 50 分，胡锦涛一行沿着泥泞的小路，来到村里房屋倒塌现场，一边仔细察看倒塌的房屋，一边向当地干部了解全村因灾损失和灾后重建的情况。他径自走到正在梁滩桥配电台区开展电力抢修工作的电力职工面前。

"电力设施遭到的破坏大不大？"总书记向几位忙着抢修电力设备的工人了解电网受灾情况。他叮嘱说，"虽然现在供电基本正常了，但还要对整个线路重新检修，因为主汛期还没完全过，要保持高度警惕，防止新的损失"。

重庆市电力公司工作人员王晓刚说："我们一定做到洪水涨到哪里，我们把电就停到哪里，洪水退到哪里，我们把电就送到哪里，一定确保群众生命安全和电网安全！"

当走到梁滩古桥头，时任回龙坝镇党委书记胡兴明向胡锦涛介绍被群众称为"抗洪英雄"的回龙坝供电营业所职工张辉利。张辉利曾于 17 日与武警官兵一道，冒着生命危险，成功抢救出被洪水围困的 35 位群众。胡锦涛一边与张辉利等"抗洪英雄"代表一一握手道别，一边夸奖道："你们太勇敢了！"

"这是我们应该做的。"张辉利紧紧地握住胡锦涛的手说。

据不完全统计，重庆市电力公司由于雷击、水淹、滑坡等共造成 80 条 35 千伏及以上线路跳闸，沙坪坝区、南岸区、璧山区、铜梁区、合川区、綦江区等地区配电网受损严重，直接经济损失近 3000 万元。灾情发生之后，公司在国家电网有限公司的领导下，立即启动应急机制，全力以赴投入抗洪抢险，坚持 24 小时昼夜值班，直接投入应急防汛抢险的人员超过 26300 人次，出动车辆超过 6700 台次，没有发生破坏电网稳定的事故，没有发生重大设备损害，中低压配网基本恢复，电网运行处于可控状态。

向人民保证：不来电不撤退

8月19日10时，重庆市南岸区南滨路水位达到189.27米，超保证水位5.77米，超警戒水位8.77米，街道被淹没在一片汪洋之中。国家电网红岩（市南抢修）共产党员服务队第一时间接到了排除险情的命令。

重庆电力员工对南滨路沿线箱式变压器受灾情况进行徒步查勘

"海棠溪车库已经倒灌进水了，我们必须马上停电避险。"市南公司运行班班长徐浩文低头看了一眼浑浊灰黄的洪水，没有丝毫犹豫，拿上绝缘手套与其他工具，招呼队员，一脚踏进了积水的车库里。

这是一场与洪水赛跑的较量！从8月17日22时第一个专用用户申请停电避险，到8月20日13时第一条10千伏线路申请送电，整整63个小时里，徐浩文和其他服务队员们只断断续续休息了8个小时。

为尽快恢复受灾居民用电，服务队按照时任国家电网有限公司董事长、党组书记毛伟明在公司调研并指导防汛工作时提出的"水进人退电停、水退人进电通"原则，按照党员责任区开展现场 24 小时复电巡查工作，争分夺秒开展复电抢修。

10 千伏沱凯线所供的新尚城小区是鱼洞片区受灾最严重的小区之一，供电的两台环网柜和四台箱变泡在粪水里，远远便传来阵阵恶臭。服务队队长杨孟二话不说，跳进齐腰的粪水里，朝环网柜趟去。恶臭的粪水丝毫没有影响他的工作，仔细检查设备的涉水情况，制订复电方案。

此时，已经是晚上 11 时，有部分小区居民耐不住性子，开始追问何时来电。"大家不要着急，我们正在努力抢修，不仅要尽快复电，更要安全一次复电成功，必要的检查和试验是不能省的。"杨孟耐心向居民解释，还强调，"你们不来电，我们不撤退！"在高压侧送电后，为了低压侧能够及时恢复送电，杨孟又主动为居民检查低压设备。"这大热天的，连着干这么多个小时，真是太辛苦了！"抢修现场，守在一旁的居民感叹道。

在大战大考面前，一支队伍就是一个堡垒，一名党员就是一面旗帜，关键时刻站出来，急难险重豁出去，打头阵、当先锋，把初心写在行动上，把使命扛在肩膀上，让党旗在抗洪抢险一线高高飘扬，汇聚成打赢抗洪抢险攻坚战的磅礴力量，交出了一份不负时代、不负人民的满意答卷。

翻山越岭战冰雪　突击抢险保供电

　　"冰雪来袭，你们采取的措施是得力的、及时有效的，市委、市政府对你们所做的工作非常满意。关键时候，电力这支队伍冲得上去。"2008 年 1 月中旬以来，重庆特别是渝东南、渝东北地区遭受大范围持续雨雪、凝冻灾害侵袭，输变电设施覆冰覆雪，有的导线覆冰厚度超过设计标准 20 倍，严重危及电网安全和全市生产生活用电。公司各级党组织和广大党员干部紧急行动，迅速开展抗灾抢险抢修，取得了抗冰抢险保供电的重大胜利，实现了大灾无大害，受到了重庆市委、市政府的高度肯定与赞扬。

硬仗在前　科学应对

　　这次冰雪灾害持续时间之长、影响范围之广、危害性之强，为重庆电网史上前所未有。这对于苦受电煤短缺困扰的重庆电网，无异于雪上加霜。占全市统调装机容量 14％的约 90 万千瓦机组缺煤停机，其中地处负荷中心的四大电厂存煤最多的不足用四天，最少的不足用两天。二滩电厂送重庆 75 万千瓦电力因线路受损被削减为零，河南、贵州、四川、湖北等省送重庆电力骤然下降。自然灾害加上电煤短缺、机组故障，使重庆电力日均缺口达到 130 万千瓦，电量缺口近 2000 万千瓦时左右，保障电网安全稳定运行和电力有序供应异常困难。

　　面对严重的自然灾害和严峻的供电形势，公司党组认真落实重庆市委、市政府和国家电网有限公司的总体要求，专题研究，科学决策，及时启动了电网应对重大灾害性气候的预警和电煤供应应急预案。时任总经理张春城亲临覆冰最为严重的武隆车盘山抢险一线，指挥抗冰抢险；时任党组书记甘德一深夜慰问电力调度和营销服务值班员工，指导应急调度和需求侧管理。公司党组成员和领导班子的同志，主动承担责任，纷纷请缨，有的驻守一线指挥除冰抢修，有的走进媒体就供电形势答疑解惑，有的组织运送御寒衣物到一线，成为各级党组织和党员干部抗冰抢险的主心骨。

公司各部门迅速行动，生产调度部门发挥大电网优势，合理安排电网运行方式，统一调配存煤发电，统一安排错峰避峰，同时争取华中电网每天输渝电力增加到 55 万千瓦，确保了煤矿、高危客户、春运和居民生活用电；营销服务部门积极协助解决电煤供应问题，及时向社会发布供电信息，引导人民群众有序用电，做到了"限电不限真情、缺电不缺服务"；后勤部门把餐饮服务做到了抢修一线；各级工会、共青团组织把御寒棉衣送到了除冰现场；基层单位党委和广大党员 24 小时在岗值班，运行维护人员全天候待命，形成了抗冰抢险的强大合力。

抗冰抢险　中流砥柱

公司系统各级党组织组建了 110 个党员突击队，组织开展人工除冰，抢修受损的输变电设备，巡视重要覆冰区输变电设施，多次排除重大险情，成为抗冰抢险保供电的中流砥柱。

1 月 23 日，220 千伏涪武西线跳闸，涪武东线带病运行。如果这条"大动脉"停运，8 个电铁牵引站和 5 个 220 千伏变电站可能全部停电，作为川渝黔湘地区与中东部重要通道的渝怀铁路将因此瘫痪，武隆、彭水、黔江、酉阳、秀山、石柱等 6 个区县、约 600 万人民群众将陷入黑暗之中。日夜守护渝东南电网的长寿供电局党委，立即组织 60 多名党员员工、

迎峰度冬抗冰抢险

15支巡线队伍，连续奋战20多个小时，对60多基铁塔逐一巡检。武隆巡线站站长张能瑜带领的巡线小组，在193号至194号塔之间，发现了故障点并进行人工除冰作业，仅用2天时间就恢复了220千伏涪武东、西线的正常运行，防止了渝东南电网可能出现的大面积停电风险，排除了重大险情，保证了铁路畅通和电力供应。

张家坝500千伏开关站和5回500千伏出线，不但是渝鄂输电的重要通道，而且是国家电网"南北互调、东西互供"战略的重要基础。1月下旬，5回出线相继跳闸12次。超高压局渝东南输变电所党支部迅速成立了"抗冰抢险突击队"，队员们每天徒步穿行在陡坡峡谷中巡线，常常一天工作13个小时以上，就着冰雪啃干粮，伤病不离岗位，没有一人退缩。1月24日，共产党员、该所副所长李道武在身患重感冒发烧的情况下，放弃医生安排好的输液，连续奋战7个多小时，终于查清了张家坝到长寿的跳闸故障点，确保了这条输电大动脉的畅通。

铺天盖地的冰雪，高强度的工作，连续的转战，正是这些普普通通的基层党组织和党员，危难关头，坚守阵地，让鲜艳的党旗在皑皑白雪中昂扬飞舞。

共度时艰　群英画卷

危难时刻，方显英雄本色。

1月21日，共产党员、渝能建设集团电网检修公司线检一班班长刘泽光接到抢险命令

迎峰度冬抗冰抢险

后，已经订了机票并打算陪着父母和妻儿在昆明团聚过春节的他，立即嘱咐妻子退掉机票，还没容电话那边的儿子说完抱怨的话，就已经踏上了前往渝东南抢险排危的征程。他带领34名员工，连续奋战10个昼夜，成功完成11基铁塔的抢险排危任务，恢复了

500 千伏张长线、220 千伏涪武东西线、110 千伏水湖线的供电。特别是在地面积雪 15 厘米，风力 4 级以上，气温 0℃ 以下的情况下，带领班员排除了 220 千伏涪武线 193～195 号三基铁塔的覆冰，为确保渝怀铁路畅通作出了重要贡献。过后，他对班组的同志们讲，我们舍弃了小家团聚，换来了千家万户的团圆。

还有保供电不顾娃儿的好党员、秀山供电公司 35 千伏输电线路班班长张毅。当他在翻山越岭查找线路故障点时，妻子因不慎跌倒面临流产危险，被家人送到医院后却始终联系不上他，妻子埋怨："这个时候肯定还在巡线，不要我要娃儿噻……"。而他却说：家人一时不理解，过一阵就好了；故障一时找不到，我们就是失职。从 1 月 25 日到 31 日，张毅带领他的班组巡视线路 140 多千米，查出故障线路 12 条，为排除险情争取了宝贵的时间。

1 月 27 日早晨，武隆供电公司巷口客户服务中心员工史志国在巡视 35 千伏火仙线时，发现一辆货车出了交通事故。他迎风踏雪，背着深度昏迷、大小便失禁的陌生人赶往医院，帮着医生把伤员送上了 120 急救车，又头戴安全帽、肩挎工具包，匆匆踏上巡视电网的征途。在茫茫雪海巡视了一天的史志国，返回家后还第一时间打电话到医院关切地询问病人病情，展现出了电力人的高尚情操和宽广胸怀。

这是一次博弈大自然的抗争，在与冰霜雪冻的灾害搏击中，展示出公司党员干部员工昂扬的斗志和"铁军"精神；这是一场艰苦卓绝的战斗，在 10 多条线路、延绵 400 多千米的地段，展示了公司员工守土尽责的高尚情怀；这是一项守护电网的特殊使命，400 多名员工战风斗雪，科学应对灾害，彰显着保障电网安全、保证百姓用电的社会责任，实现了"有大灾无大害"，最终夺取了电网恢复重建的全面胜利。

📖 延伸阅读

重庆电网何以实现有大灾无大害

一是科学应对灾害避免伤亡事故。

灾情出现后，公司立即成立了以主要领导为首的事故处理领导小组，特别组建了渝东南抗冰抢险现场指挥部，调集 200 多人的应急抢险队伍奔赴现场。

指挥部研判分析认为：220千伏涪武东线和西线位于武隆县车盘山海拔1000~1500米的5千米段共有30多基（座）铁塔严重覆冰，根本不具备人工作业条件，稍有不慎，就会倒塔断线、人员群伤群亡。指挥部认真分析现场情况，将故障段锁定在3基铁塔，再通过现场查勘，精确计算，周密制订人工登塔工作方案，最后决定派人上塔排除故障。由于准备充分，协调有序，220千伏涪武西线最终恢复正常，不仅化解了大面积停电风险，还避免了伤亡事故发生。

二是提高设计标准才能实现有灾无害。

2005年除夕，渝东南黔江至秀山220千伏黔秀线发生覆冰灾害，导致秀山县孤网运行1个月，全县仅靠3.5万千伏线路和小水电支撑基本照明。这次灾害给重庆电力以警示：电网建设不能再遵循30年一遇灾害的设计标准，而应提高标准。2005年以后，公司立即对黔秀线进行改造，原设计标准是覆冰10毫米，改造后改为40毫米。提高设计标准后的220千伏黔秀线虽然覆冰严重，却没倒塔断线。

照这种思路，公司在渝东北建设220千伏开县白鹤电厂至城口县的白城线时，将覆冰承受能力提高到50毫米，尽管白城线一些区段春节前覆冰达到近100毫米，却有惊无险，未发生跳闸。

500千伏张长线与220千伏涪武线同处一个"走廊"，并排翻越车盘山。张长线覆冰设计标准是10毫米，涪武线设计标准是20毫米，结果张长线有6基铁塔拦腰折断，导致张长二回线断电，经过近两天抢修才恢复供电。涪武线则没有倒塔，最终经受住了考验。

抗震救灾勇担当　　出生入死送光明

2008 年 5 月 12 日，汶川大地震发生后，相距地震中心 300 多千米外的重庆也出现了剧烈的震感。

霎时，汶川告急！都江堰告急！绵阳告急！北川告急！……尽管余震不断，但救灾刻不容缓，公司在开展抗灾自救的同时，第一时间驰援四川，创造了电力救灾四项"全国第一"：5 月 13 日，派出 7 台发电车、7 台抢险保障车和 70 名抢险队员驰援四川，成为第一支到达灾区的电力应急队伍，给灾区群众带来了光明；5 月 13 日，将第一批价值 331 万元的电力抢险物资送到灾区；5 月 13 日晚，第一批价值 373 万元的电力后勤救援物资运抵四川；第一家赶到灾区，抢修 4 个 110 千伏变电站和 1 个 220 千伏变电站。

对口援建恢复重建毛儿盖电网工程开工

出生入死送光明

5月13日18时50分，公司抢险队在天黑时分抵达成都。不容休整，带队负责人立即向四川方面"请战"到最危险最困难的地区实施保电工作。受领任务后，队伍立即兵分7路，星夜赶赴绵竹、剑阁、绵阳、北川等重灾区。一路上，车队辗转于危机四伏的山路上，余震不断，险象环生。

"就是抬也要把发电机抬进北川县城！"杨家坪供电局小分队，在进入北川地界后，道路损毁严重，大型发电车再也无法前进。在队长徐郁的带领下，10名队员立刻行动，肩挑背扛，将移动发电车上的3台小型发电机抬起来，步行6千米，进入北川中学的挖掘现场。

5月19日凌晨，杨家坪电力抢险队赶到北川县保轮镇，为当地中国移动和小灵通基站送电。1时8分，抢险队员刚将发电车与基站连通，就发生了5.0级余震。队员们大吼着互相提醒："地震了！先扶住发电车！保证发电不要中断！""保持电压的稳定！"半小时后，保轮镇的移动和小灵通基站终于有电了，当地通信随即恢复。

威胁更大的是堰塞湖。北川县城是夹在两山之间的沟中城镇，是此次受灾最严重的地区，电网全部瘫痪，整个地区只能靠突击队的一台发电车保证电力供应。保电工作十分艰苦，操作人员24小时值班，饿了干啃方便面，渴了喝口矿泉水，困了就在

追寻黎明　电亮巴渝

狭窄的驾驶室里打一会儿盹。

"这是我人生中，让我最难做出的两难选择，也让我万分感动。"面对一次撤与留的事

件，徐郁动情回忆道。

5 月 19 日，余震发生后，电闪雷鸣，狂风骤雨。此时位于北川县城半山腰上因地震山体滑坡形成的唐家山堰塞湖水位在逐渐上涨，最高的一处已经暴涨到离地面 40 多米，随时面临垮塌的危险，堰塞湖威胁着整个北川县城的安全。

情况十分危急！很多参与当地抢险的队伍在陆续撤离现场，但发电车仍然在继续供电。

此时的徐郁担心着全体队员们的生命安全，如坐针毡，心急如焚。生命对每个人来说只有一次，是撤还是留，徐队长面临两难选择。再三考虑之下，徐郁和另一名党员杨军进行了商量，决定由他们两人留下继续保电，其他的人员连夜撤出县城，到地势高的安全地点待命。这一决定得到杨军的赞同。

"党员留下，其他的先撤！"随后徐郁召集全体队员命令道。

"不行，要走一起走！要留一起留！""再苦再难，也比不上灾区人民困难。灾区最需要我们的时候，我们怎么能走？"其他队员被徐郁和杨军视死如归的精神感染，坚决要求留下坚守阵地。最终，大家齐心协力战胜了险情，安全完成任务。

在重大灾难面前，每一个队员都不顾自身安危，连续奋战、敢打硬仗，竭尽所能贡献自己的力量，助灾区人民共渡难关。

火线入党铸忠诚

哪里有灾情，哪里就有党旗飘扬。党旗飘扬的地方成为群众心中最安全的地方。

"我志愿加入中国共产党……" 5 月 26 日晚，在绵阳安县抗震救灾援建现场指挥部，面对鲜艳的党旗，漆昌渝、敬渝、李涛 3 名公司抢险救灾队员庄严地举起了右手，向党立下了铮铮誓言，"火线"入党。

"火线入党，是我一辈子的荣光、一辈子的人生坐标。"市区公司配网线路工张愉参加了抗震救灾突击队。在抗震保电的 20 余天里，张愉发扬连续作战、不叫苦不叫累的"铁军"精神，全情投入到抗震救灾工作中。党组织批准了他的入党申请，并在抗震救灾现场举行了简朴的入党仪式。

"在这次抗震救灾保供电中，我亲身感受到了党中央对灾民们的关怀，感受到了中国共产党的伟大，我对中国共产党这个组织有了更深刻的认识和了解，改变了我对人生坐标和价值观的看法，让我对今后的人生道路进行了重新定位……""火线"入党的江津供电局修试所职工、援川突击队员曾庆奎动容地说。

地震发生后，曾庆奎在得知灾区急需电力援助时，主动请战，义无反顾地奔赴抗震救灾第一线开展保电工作，每天工作 15 个小时以上，接受了党组织的考验，被局党委破格批准火线入党。

在灾区，身穿"重庆电力"工作服的曾庆奎，成了需要帮助的人们眼中寻找的目标，无论是就地指挥部、帐篷医院，还是部队官兵、灾民的帐篷里，哪里需要用电，或有什么用电疑难问题，都会寻求曾庆奎的帮助。特别是捐助的小型发电机，由于操作人员不熟悉其性能，经常出现这样或那样的问题，都找曾庆奎处理维修，他也毫不推脱，总是随叫随到，并且很快解决了问题，恢复了供电。曾庆奎还为他们讲解发电机原理，分析故障原因以及操作时需要的注意事项等，被大家称为"电力专家"。

"我志愿加入中国共产党……随时准备为党和人民牺牲一切……""我是党员，让我上！"灾难面前，重庆电力人在抗震救灾一线发出了责任央企的铿锵誓言。

日夜抢修创奇迹

"爸，你要注意腰伤，累了就休息一下嘛！"5 月 24 日晚 8 点，王良才、王秦亮父子俩坐在帐篷里吃晚餐，活儿才干完，饭菜早已变凉。

王良才、王秦亮都是公司的员工。父子俩所在的位置是"天府第一站"——220 千伏安县变电站的抢修现场。

震后，公司在第一时间向四川重灾区伸出了援助之手，承接了 1 座 220 千伏变电站和 4

座 110 千伏变电站恢复重建工作。

这是难啃的"硬骨头"，但公司员工没人退缩。

饭后，王秦亮用手蘸着药酒为父亲揉搓老伤腰。53 岁的王良才每天在吊车起重的指挥现场一站就是 10 多个小时，常常腿脚发麻、腰伤刺痛，但他从未喊苦叫累。26 岁的王秦亮参加工作后多是做动脑的技术活，很少肩扛背磨，但这次灾区没有民工可找，重

汶回线完成第一放线段导线展放

活累活自己干，他总是抢在前头，争着扛大包、抬大件、上杆塔，手上、肩上磨破了血泡都没有吭一声。"这爷儿俩，真是好样的！"在 220 千伏安县变电站的抢修现场，只要一提起这对"父子兵"，大家都会伸出大拇指。

抢修现场，"不服老"的老将，不止王良才一人。

"领导，我要随支援队去灾区，要是不让我去，我就赖在你这里不走！""一只公鸡还四两力呢，何况我还老当益壮？""我去年在公司的变电检修比武中还获得了季军，啥不行？""灾区有那么多人要救，我是老党员，这个时候不冲上前还待何时？"抗震救灾，不分男女老少，61 岁的退休职工袁海河和 50 多岁的职工张为民、肖明其等人纷纷找到单位领导请缨要上"前线"。

在抢修现场，袁海河、张为民、肖明其等老同志还真"不服老"，搬物资、拌混凝土、砌围墙、浇筑基坑、拆装设备、送材料、递工具、做饭菜……不到跟前看面容，还真不知道忙忙碌碌的他们竟是五六十岁的"老将"。

"在 9 天的时间内完成 4 座 110 千伏变电站的抢修任务，可以说是创造了国家电网的奇迹。"时任公司总工程师莫文强说。从 5 月 18 日起，重庆公司抢险队员克服了工作量大、环境恶劣、余震不断等诸多困难，提前完成了花荄、雎水、永安、晓坝 4 个 110 千伏变电站的抢建任务，并交付使用。

85

在没有硝烟的战场上，公司员工忘我工作、顽强拼搏，在所有电力援建队伍中第一个到达、第一个承接抢修重任、第一个完成主变压器吊罩、第一个完成上百件设备的试验检测、第一个进入全面恢复安装、第一个采用钢结构等新技术、第一个……接受了一场抗灾斗争的大考验，交出了一份为党为国为民的优异答卷。公司也先后被中华全国总工会、国务院国资委和重庆市委市政府授予"抗震救灾重建家园工人先锋号""中央企业抗震救灾先进集体"和"抗震救灾先进单位"。

📖 **延伸阅读**

千里驰援雅安抗震

2013年4月20日8时2分四川省雅安市芦山县发生7.0级地震。重灾区宝兴县一度被称为"孤岛"。

根据国家电网有限公司应急指挥中心命令，公司迅速组织千里驰援。1小时后，启动抗震救援应急响应，成立了以总经理为指挥长的地震灾害应急支援指挥部。4小时后，完成8辆应急发电车、11辆发电保障车、4辆指挥及后勤医疗保障车和73名抢险人员的集结待命。23小时的长途跋涉，翻山越岭800余千米进入宝兴，肩负起31个重要场所的安全保电任务。县人民医院、成都特警支队基地、武警中队安置点、县气象站、木坪乡卫生院……一处又一处重要场所，纷纷亮起了灯光，在72小时黄金救援时间内，实现了宝兴通电，圆满完成国家电网有限公司下达的驰援任务。

千里援豫担重任　万家灯火传渝情

2021 年 7 月，河南省遭遇历史罕见强降雨，形成了严重的洪涝灾害，国家防汛抗旱总指挥部启动防汛 I 级应急响应。按照国家电网有限公司党组的统一部署，公司迅速响应，紧急抽调技术骨干 393 人、车辆 66 台（含 5 台发电车），组成援豫抗洪救灾红岩共产党员服务队，携带各种抢修、试验设备和物资等，不分昼夜千里驰援郑州抢险保电。

河南工业大学和居民代表向国网重庆电力援豫抗洪救灾红岩共产党员服务队赠送锦旗

昼夜兼程急行军

千里驰援郑州的"战斗"，在 7 月 22 日打响。当日上午，公司接到上级命令后，仅用数小时便集结了由各单位 97 名技术骨干组成的首批援豫抗洪救灾红岩共产党员服务队，携带相关专业设备 30 套、17 辆各类抢险车（含 3 台发电车），于当日 15 时紧急向河南郑州进发。

"大家打起精神来，克服下，坚持下，我们一定要尽快赶到郑州，那里有不少地方还停着电呢，他们更需要我们。" 2021 年 7 月 23 日凌晨时分，经过近 10 小时的"急行军"，公司第一批援豫抗洪救灾红岩共产党员服务队，在陕西省商洛市柞水县柞水服务区稍事休整，服务队带队负责人趁机告诉队员们，饿了啃面包、吃方便面，困了在车上打盹，"歇人不歇马"争分夺秒赶路。

7 月 23 日 8 时，经 10 多个小时的昼夜兼程，公司第一批援豫抗洪救灾服务队安全抵达郑州，顾不上休整，立即与郑州供电公司高新区供电部相关负责人接洽工作，了解抢修任务、停电区域、复电计划、物资准备等情况，并接受了 3 个小区的抢修任务。

7 月 23 日 9 时，公司第二批援豫抗洪救灾服务队 293 名队员火速集结到位，乘坐 51 台抢修车（含 2 辆应急发电车），携带各种抢险装备、工具、材料等，即刻踏上了前往郑州抢险保电的征程。经 17 个小时长途跋涉，抵达湖北襄阳待命。随后，服务队根据国家电网有限公司的统一安排，分批次进入郑州，有序开展受损电力设施抢修和临时供电等工作。

同时，公司还抽调了后勤服务及管理人员 18 人、医务人员 1 名，调配帐篷、食品、生活、防疫、防护等应急物资 92 类 36 000 余件，同步抵达郑州，确保服务队抢修保电无后顾之忧。

争分夺秒早复电

学府小区共有居民 1000 余户，由 7 台箱式变压器供电，其中，500 千伏安公用变压器 6 台，一台 200 千伏安专用变压器。7 月 23 日 20 点 40 分，国网重庆电力援豫抗洪救灾红岩共产党员服务队 20 余名队员接到抢修任务，立即赶赴现场展开抢修。经现场勘查，小区

国网重庆电力员工在河南某小区支援灾区建设（黄临聪　摄）

的开闭所、环网柜和 5 台公用变压器的高压开关都不同程度受损。

抢修持续到 7 月 24 日凌晨 2 时，小区电力设备故障仍未排除。面对黑漆漆的小区，现场工作负责人黄帆倍感压力。

"不复电，不吃饭！" 7 月 24 日 9 时，一夜难以入眠的黄帆一边对服务队员们说，一边带头投入到故障排查抢修中。

天色逐渐暗了下来，一号箱式变压器开关抢修完毕，二号箱式变压器开关抢修完毕……一个个好消息传来，黄帆的脸色依然严峻，因为他知道，如果送电不成功，什么都是空谈。

7 月 24 日 23 时 20 分，所有箱式变压器开关故障抢修完毕。黄帆带着队员们，开始对故障停运箱式变压器逐台送电。

一号箱式变压器送电成功，二号箱式变压器成功送电……

"来电了，终于来电了！"当小区家家户户的灯亮起来的时候，居民们纷纷从窗子、阳台等处向队员们致以谢意。

7 个小时！18 个小时！30 个小时！38 个小时……在服务队的奋力抢修下，一个个设备故障被顺利排除，一座座高楼和一个个小区被重新点亮。

援豫期间，服务队全面完成 22 个小区抢修任务，共修复 19 座居民小区开闭所、配电变压器 312 台、线路 8 千米；新建箱式变压器 15 台，施放电缆 11 千米；出动发电车 22 台次，累计发电 370 个小时，完成 8 个小区保电，恢复 23951 户居民正常供电。

排忧解难百姓赞

"这是谁给我们快递来的一大箱水果啊……" 7 月 24 日晚上 10 时，服务队队员黄涛在驻地一边从快递小哥手里接过一箱各种水果，一边疑惑地问。

"这个我也不知道。我是在网上接到的订单，从水果店领取的快递，然后送到这，其他的就不知道了……" 快递小哥摇了下头说。

"多配叉子，如本人没回来，麻烦总台代收。他们是重庆电力来支援郑州的，麻烦所有水果帮忙切块清洗，谢谢！" 在送货单上，黄涛看到客户留给卖家的留言后，突然想起来当天下午，服务队为郑州祥营安置小区抢修故障恢复供电后，他和小区部分居民闲聊时，承诺小区用电有问题找他，无意中 "泄漏" 了自己电话和住宿信息。

热情的郑州市民不仅送水果不留姓名，还满城 "追" 着送锦旗和感谢信。

"终于见到你们了，可太不容易了，我们找你们 3 天了，这面锦旗和感谢信，是我们小区 1000 余户居民的心意，一定要收下……" 7 月 27 日，在服务队临时驻地，河南工业大学校办产业管理中心副主任林秀元和居民代表一边将一面印有 "千里救援攻难克坚排忧解难百姓齐赞" 的锦旗和一封感谢信交到服务队员的手中，一边对他们说。

为表达对服务队员们的感谢，小区的居民们自发制作了一面锦旗和一封热情洋溢的感谢信，其中，感谢信还附了业主群的留言截图，准备当场送到服务队员们手中，却发现服务队员们早已了无踪影，这可急坏了小区的居民们。

经过 3 天的多方打听，居民们终于辗转找到服务队的临时驻地，当面向队员们赠送了锦旗和感谢信，以表达谢意。

一面面锦旗，一封封感谢信，承载着郑州市民的满腔热情和浓浓爱意，汇聚成服务队战胜抢修困难、点亮万家灯火的无穷力量。

抗洪抢险受表彰

8 月 24 日，国家电网有限公司在京召开应对河南特大暴雨抗洪抢险保供电表彰暨做好电力保障工作电视电话会议，并宣读了《国家电网有限公司关于表彰河南特大暴雨抗洪抢险保供电先进单位、先进个人的决定》。受表彰的先进单位和先进个人代表上台领奖，会场响起热烈的掌声，向电网铁军致敬，向平凡英雄致敬。

面对突发的汛情险情，国家电网有限公司坚决贯彻习近平总书记重要指示精神，落实党中央、国务院决策部署，举全公司之力快速反应、周密安排，各部门、各单位各司其职、密切协作，河南电力公司及各地支援队伍攻坚克难、连续奋战，公司安排电网专项帮扶资金 5 亿元，向河南省慈善总会捐赠 5000 万元，从 25 个省公司调派 300 多支队伍、473 台应急发电车、1219 台发电机，累计投入 3.7 万名抢修人员和 16 亿元的物资，全力抢修恢复受损电力设施。至 7 月 30 日，除蓄滞洪区外河南省全部恢复供电，抗洪抢险保供电取得决定性胜利，得到了中央领导同志的充分肯定，赢得了国家有关部委、地方党委政府及灾区广大人民群众的广泛赞誉。

众志成城抗疫情　光明力量暖人心

2020年初，新冠肺炎疫情突如其来，这是新中国成立以来，发生的传播速度最快、感染范围最广、防控难度最大的一次突发公共卫生事件。

在这场阻击战中，电力作为最基础的保障，成为驱散疫情阴霾、点亮未来的重要力量。

疫情发生后，公司迅即成立疫情防控工作领导小组，启动重大突发公共卫生事件一级响应，制订疫情防控等系列方案，以最快速度完成抗疫企业供电设施建设，确保了全市重要用户供电万无一失。同时，推出欠费不停电、不计滞纳金等暖心举措，为全社会防疫增添暖色调。

冲锋在前，跑出防疫供电"加速度"

公司员工纷纷请战，到最艰巨、最危险的地方战"疫"保电，点亮了山城的日日夜夜。

众志成城齐战"疫"

疫情暴发后，口罩成了国人抵挡病毒的第一道防线。然而，爆发式增长的需求量，使得口罩一时供不应求，众多的口罩生产企业立即结束春节休假，提前复工全力以赴投入到生产之中。

2020 年 2 月 27 日下午，红岩（市北）服务队队员熊超在国网 App 上看到一条用电申请后，立即向市北供电公司的领导汇报。用电需求是辖区企业重庆莱诺医疗科技有限公司（以下简称"莱诺医疗"）提出的，为了提高口罩的产能，计划让新投的五条生产线全力运转，以每天 60 万只的最大产能发往全国各地。要让五条生产线拥有充足动能，电力的保障就显得尤为重要。

"莱诺医疗提交了 500 千伏安用电容量申请后，我们立即全力响应，开辟绿色办件通道。"市北供电公司相关负责人说。2 月 27 日晚上，红岩（市北）服务队出动了工程技术人员 35 人，吊车、挖机等作业车辆 12 台开始对莱诺医疗外线工程进行电缆预埋管道施工。

"当时我们在现场还遇到一些紧急情况。"服务队队员熊超说，"设备厂家回复莱诺医疗，500 千伏安的变压器没有现货。"当时莱诺医疗的工作人员急得像热锅上的蚂蚁，紧急向服务队求助。服务队随即四方协商，紧急协助客户从设备厂家调到一台 630 千伏安的现货变压器，为口罩生产解了燃眉之急。

28 日凌晨，伴随着一阵"淅淅沥沥"的声响，天空中突然开始飘雨，为施工增添了不小的难度。莱诺医疗配电房旁迅速支起了雨棚，可是没有一名队员选择去遮风避雨。

清晨 6 点，当成功送电的消息传来时，悬在所有人心头的那块石头终于落地。从受理申请到确定供电方案、物资调集、现场施工、验收投运，市北供电公司刷新了重庆"业扩报装"最快纪录，仅用 16 小时便完成了防疫物资生产企业通电。

一声令下、全力以赴，逆行而上、"疫"不容辞。在疫情最吃紧的时候，公司保电刷新了重庆"业扩报装"最快纪录；在疫情向好时，企业按下复工复产"快进键"，公司推出欠费不停电、不计滞纳金等助推企业复工复产 10 项暖心举措，还开展了"送政策、送服务、促复工复产"客户大走访行动，全力以赴守住电网安全运行生命线和民生用电底线，确保全市电力安全可靠供应。

舍小为大护光明

家是最小国，国是千万家。

"老婆，到机场了吗？今天我要值班，不能送你啦，你回来的时候我和女儿一起去接你回家。"

"知道啦，我准备过安检，到了武汉安顿好之后跟你联系。"

"外出巡视，一定要注意防护，戴口罩，勤洗手。"

"老婆，今天我终于成为一名共产党员，在这个特别的时刻，与你一起并肩作战，共同抗疫！"

国家电网红岩（璧山营销）共产党员服务队
前往青杠镇防疫检查卡点巡视（蒋佩 摄）

疫情最吃紧的时候，南川供电公司运维检修部变电状态管理专责周斌的妻子——南川区人民医院重症医学科的护士胡笑敏，前往武汉支援当地抗疫。相互的牵挂和关心，每天通过微信传递。

胡笑敏进驻当地医院前，剪去了心爱的长发，剃光了鬓角，留下了当时抗疫一线最流行的发型：鬓发处留下了"中国"二字。

"一定要保护好自己，让我们一起以必胜的决心，打这场非赢不可的疫情阻击战。"看到平时柔弱的妻子展现出了军人上阵冲锋的风采，周斌深受触动。将女儿安顿好，周斌也义无反顾地"冲"上了抗疫保供电一线。每天除组织运维人员对负责城区供电的 3 个 110 千伏变电站开展常规巡视外，周斌还针对医院、政府、电视台、供水供气等重点抗疫情单位进行设备特殊巡视，并组织做好变电和输电值班抢修人员个人疫情防护工作。"保障好客户用电安全，就是对远在武汉的妻子最大的支持。"周斌说。

"我们年轻，让我们先上！"城口供电公司成立"抗疫保电青年突击队"，检修班班长魏彦文主动请缨担任队长。

1 月 23 日，城口县中医院、政府行政综合大楼供电的重要线路——10 千伏葛北线电缆发生故障，本已生病躺下的魏彦文得知情况后，立即出院并带领青年突击队赶赴现场抢修。

故障地点在两条马路中间，魏彦文指导青年突击队队员们用遮栏围出一个不规则的小四边形后，他不顾疼痛，贴耳趴在残留着零星冰雪的地面上判断故障点，带头钻进阴冷漆黑的电缆井，排查诊断故障情况。5 个小时后，魏彦文与几位青年突击队队员满身泥泞地从电缆井中爬出来。电缆故障顺利排查解除，片区的正常用电得到了保障。

"儿子，你都三年没回家过年了……"

"妈，疫情保电任务重，我是班长，必须带头。"除夕，母亲从甘肃打来电话，魏彦文心里满是愧疚，但他不后悔。

关键时刻站出来，即将年满 60 岁，还有 2 个月就退休的铜梁公司旧县供电所老党员尹代建也冲到了防疫第一线。

1 月 31 日，铜梁旧县街道发现一名重点接触新冠肺炎且已有发热症状的疑似患者，旧县街道立即增设 3 个疫情检查点，严控人员出入，紧急通知供电所为 3 个点安装临时电源，当地人对这片区域避之不及，而尹代建主动请战，与另外两名队员立即赶赴现场，仅用 3 个小时就完成了 3 个检查点 130 米线路连接，10 余个用电设备的临时接电任务，确保了检查点正常用电。

坚守在当地疫情最严重点，同事们都担心他的身体，尹代建说："我是一名从事电力工作 42 年的老党员，现在绝不是退缩的时候，年轻员工工作时间还长，不要让他们有感染的危险。"朴实的话语，感动的是年轻员工的心。

在抗疫第一线，还有在儿子眼中"消失"的父亲。平时见面很少，大学第一个假期本想好好跟家人过一个团圆年的儿子，孤独地在元宵节晚上给"消失"的父亲写了封情真意切的信。从失望、生气到理解，信里可以看到战斗在大巴山深处的国网红岩（城口营销）共产党员服务队队长赵安刚每天的工作流程：参加视频会议、安排防疫物资、推广线上服务、组织对乡镇医院供电、乡政府及场镇供电设施特巡……2月8日，赵安刚已连续保电特巡15天。

1月24日，重庆启动重大突发公共卫生事件Ⅰ级响应，璧山供电公司员工周楦颉接到疫情信息后马上从休假中返回工作岗位，主动要求参与巡视保电任务；云阳供电公司运维检修部配电室主管胡小江，作为云阳县疫情集中隔离点负责电源安装的"总指挥"，带领员工们争分夺秒施工，终于在24小时内完成了隔离点电源安装，为该县疫情防控交上了满意的答卷；江北供电公司配网调度班员工夏彦，在疫情发生后，身为湖北人的他毅然放弃与父母团聚的机会，坚守在配网调度岗位上，保障了供区配网线路可靠运行。期间，夏彦成为一名中国共产党预备党员……

亲人变战友，小家为大家。疫情当前，公司员工坚守着最平凡的岗位，做着最普通的工作，却在关键时刻，展现了"大国顶梁柱"的担当。

万众一心，没有翻不过的山；心手相牵，没有跨不过的坎。

延伸阅读

重庆电力速度

2020年初，面对突如其来的新冠肺炎疫情，国家电网红岩共产党员服务队创造了"16小时为医疗企业报装接电，21小时抢建口罩生产线配电设施"的国网速度。

重庆市电力公司根据疫情防控形势开辟"绿色通道"，建立24小时响应机制，打造"一对一"专属团队，用最短时间保障37座方舱医院高效接电，确保定点医院、医药企业等重点部位可靠供电，守护人民群众生命健康。

奋勇逆行防山火　迎难而上战高温

极端高温＋山火肆虐＋严重缺电……2022 年的夏天，在重庆人的记忆中是"烫"的。7 月以来的持续高温晴热，创下重庆 1961 年以来最严重的极端连晴高温天气。南川、北碚、涪陵、江津、大足、铜梁、巴南……森林火灾一波未平一波又起。这个夏天，公司 1 万余名员工持续奋战在保供电一线，奋勇逆行、一往无前，与高温和山火持续作战，用汗水筑起最坚固的"防火墙"。

鏖战火龙　守护万家灯火

2022 年 8 月 29 日，一个平常的工作日。"爸爸怎么还没下班？" 3 岁的夏天缠着妈妈问爸爸的行踪。"爸爸正在下班回家的路上……" 8 天来，妈妈每次只能用这句话"哄"夏天。

时间倒回到 8 月 21 日，答应带女儿去游泳的何跃，刚走到泳池门口，突然接到北碚区复兴镇的火情电话。"要听妈妈的话，爸爸下班后再带你游泳。"对女儿说完这句话，何跃转身便驱车赶往 20 千米之外的火情现场。在重庆多地先后发生多起山火的酷暑 8 月，身为北碚供电公司的一名配电主任助理，何跃明白这起火情，容不得半点闪失。他迅速集结几位同事联合当地村镇救援力量，投入到灭火保电工作中。

处理完复兴镇的火情，已经是午夜十一点了，何跃还没来得及歇口气，再次接到电话：北碚区歇马街道出现多起火情。

容不得多想，何跃再次集结歇马供电所的同事，召集度夏值班和应急待命人员全部出动，分 5 个工作小组赶赴各火情点。"火近电停，火灭电复"，经过一整晚的不眠不休，整个歇马街道的电力供应得以有效保障。然而，更大的考验还在后面。

防山火现场抢险作业

8月22日，北碚歇马缙云山脉的虎头山火势扩大。何跃迅速联系公司运检部和北碚供电中心增派应急电源车到指挥部。

8月23日，天刚亮，何跃便立刻又开始了新一天的战斗。通过配网无人机巡视，确认10千伏歇头一线具备复电条件。他立即汇报北碚公司和山火扑救指挥部，于当天上午10点半恢复歇头一线的电力供应。

8月25日，缙云山山火蔓延至隔离带，山火扑救指挥部决定采用水泵，将隔离带末端山腰处的水源送至隔离带沿线。水泵的正常运行需要应急发电机作为电源支撑。临时开辟的山路尘土松软，车辆寸步难行。何跃二话不说，带领歇马供电所的同事，通过人工肩扛的方式将应急发电机搬运至150米之外的水源处，保障了抽水泵的可靠运行。

当晚，缙云山"以火灭火"发起最后总攻，无数消防队员和解放军战士英勇上前。隔离带的另一端，在距离"山火反烧"不足100米的地方，何跃和同事们，作为总攻部队的后盾，紧紧守护着应急保障电源的可靠供应。

8 月 25 日晚 11 时许，缙云山山火总攻取得胜利，何跃和同事们疲惫的脸上终于露出一丝欣慰的笑意。

短暂的欣慰之后，是新一轮的挑战。为了应对连晴高温导致的山火频发，重庆市政府和公司联合组织开展了山火防控网格化特巡工作，何跃所在的北碚供电公司辖区范围内，有 20 余条重要高压线路需要进行 24 小时的防山火特巡。"我去！"何跃又一次主动请缨，此后的 3 天时间里，在静观或是三圣的重重山峦之间，又是他不断奔波忙碌的身影。只不过这一次，他守卫的不仅仅是 10 千伏配电线路，还有一条条 500 千伏超高压线路……

29 日，重庆结束了长达 30 余天的有序用电，山火特巡工作也暂时告一段落，一切终于恢复正常，何跃也在女儿睡着之前回到了家中。看见何跃归家的那一刻，听到女儿开心地呼喊"爸爸，你回来啦！"，妻子周玺西瞬间感到心间充满了久违的踏实感。

多措并举　保大"动脉"无恙

2022 年入夏以来，重庆高温干旱叠加，用电负荷创历史极值、保持高位运行，山火易发频发，严重威胁大电网安全和民生用电底线，保供电形势异常严峻。

公司党委启动应急机制，全面调动防控力量，部署开展"战高温、防山火、保供电"等专项行动，组织共产党员服务队、青年突击队等多支队伍，坚守岗位，冲在保供电一线。

8 月 21 日，巴南区界石镇突发山火，导致 500 千伏珞南一、二线出现运行故障。公司第一时间启动应急预案，实施电力设施保护和电力保供应急措施。145 名党员服务队队员第一时间奔赴现场抢险。部分队员使用无人机开展远程监控，协助政府部门及时掌握火情。

8 月 22 日 10 时，受损线路附近的明火基本被扑灭。党员服务队队员冒着高温登上铁塔检查设备，抢修过火线路，更换受损的绝缘子和导线，并重新校验塔材力学性能。

8 月 23 日中午，经过党员服务队队员连续 24 小时的昼夜奋战，500 千伏珞南一、二线紧急抢修任务全部完成，线路恢复正常运行。

"278、279、280 三基铁塔附近未发现着火点及浓烟"。8 月 25 日，在 500 千伏资铜线

279 号塔，潼南公司青年员工周浩正在通过无人机对附近几基输电铁塔进行防山火巡视。

8 月 25 日起，国网永川供电公司启动"战高温、防山火、保供电"专项行动，组织 104 名党员骨干、青年团员奔赴超特高压输电通道开展特殊巡视，对途经供区内全部铁塔进行 24 小时蹲守监视，并与沿线 47 处属地镇街消防应急建立联系渠道，确保能及早发现山地林区火情、有效管控火源。

2022 年夏天，公司在政府主导下，全面调动防控力量，建立了山火防治"线长、段长、塔长"政企双重责任体系。森林草原火险红色预警期间，7000 余名电网员工 24 小时逐线、逐段、逐塔蹲守巡查，保障了 4300 余千米输电通道 1.13 万余基铁塔的安全。各地应急抢修队员自主扑灭火情 535 起，成功应对火险 279 起。

不辱使命攻坚度夏保电

2022 年重庆的夏天，注定会成为我们永恒的记忆。面对自 1961 年有完整记录以来的极端高温天气（温度极值达到 45℃，31 个区县突破 40℃，累计 39 天超过 40℃），接踵而至的山火肆虐（红色火险预警 27 次，造成输电线路跳闸 3 条次、停电避险 24 条次、停用重合闸 14 条次）、疫情多点散发（最多时 11 家单位 40 多个办公区、2000 余名员工同时封控，给保供带来极大困难）交织叠加，全市电力供应经历了前所未有的考验。

重庆市委市政府全力支持电力保供，市委市政府主要领导亲自部署、坐镇协调指挥，市政府相关领导到公司现场指导，市电力保供指挥部连续召开 12 次保供指挥调度会，要求"做最困难的准备、尽最大的努力、争取最好的结果"，各项举措能出尽出、各类方法可用尽用。

国家电网组织跨区互济，外电入渝创历史最高，在全国紧张、川电大幅减少下，中长期外购电力最大 627 万千瓦、同比增长 30%、达最高负荷 25%，7、8 月消纳外电 91 亿千瓦时、同比增长 32%，外购逆势上涨、通道持续用满。特别是供应紧张时期，国家电网有限公司辛保安董事长亲自协调，六大区域电网、21 个省级电网接续支援，东北电、南网电相继入渝，累计支援重庆 50 天，应急电力最大 370 万千瓦、达最高负荷 15%，电量超 10 亿千瓦时。发电企业满发出力，度夏期间进煤、供气均创历史新高，煤机、气机发电历史最好，地方电网、自备电厂、非直调小水电等机组高峰上网电力最大 60 万千瓦，全市电网设备、发电机组持续极限运行超 50 天。

"战高温、防山火、保供电"专项行动誓师大会（刘国政　摄）

公司从党委到支部、从党员干部到普通职工，超 1.5 万人的保供队伍 24 小时待命迎战应战，以担当赴使命，戮力同心"双向奔赴"，用实际行动展现了电力版的"重庆雄起""重庆得行"，将涓滴之力汇聚成守望相助、共克时艰的磅礴力量，构筑起守护全市人民万家灯火与清凉度夏的钢铁长城，让重庆这座英雄的城市永不言败。

这一场高温，我们知道了重庆电力人如此勇毅坚强，负重前行；这几场山火，我们知道了重庆电力人如此耿直豪爽，大义为先。危急时刻，每个重庆电力人都是这座城市义不容辞的护卫军，有了他们的坚守，灾难之后，灯火依旧璀璨。重庆电力人以实际行动践行新时代国家电网人的使命和担当，用专注和专业为美好生活充电，为美丽中国赋能。

重庆电力建 2233 个应急值守点战山火保供电

公司将防山火作为保供电、保电网、保安全、保发展的一项最重要工作,通过政企联动,全力做好火险救援、避险复电、巡检值守等工作,筑牢重要电力线路防山火坚固防线,合力守护重庆电网大"动脉"。启动蹲点值守,由电网员工、群众护线员担任重要线路的"段长""塔长",实行双"段长"、双"塔长"包段巡线机制,对"责任田"开展拉网式树障、火患排查。期间,公司共建立应急值守点 2233 个,安排 196 名领导干部担任"线长",456 名管理人员担任"段长",2950 名电网员工担任"塔长",对 122 回 220 千伏及以上线路共 11 308 基杆塔执行清单化蹲点,24 小时值守。

第 4 章

奉献光明：联使命·服好务

初心如磐，使命在肩。

无论时光如何变迁，重庆电力人始终牢记党的殷殷嘱托，始终坚持"人民电业为人民"的企业宗旨，把满足人民群众美好生活的用电需求作为根本出发点，持续升级改造农村电网助力脱贫攻坚和乡村振兴，不断优化电力营商环境支撑经济社会高质量发展，全面升级服务手段解决群众用电方面急难愁盼问题，从田间到车间，从市内到市外，竭力为需要帮助的人们送去温暖和光亮，树立了"大国重器"和"责任央企"的品牌形象。

追求卓越，奉献光明，重庆电力人永远在路上，全心全意为人民服务，以忠诚担当的政治品格和求实创新的优良作风，不断战胜前进道路上的一切艰难险阻，更好担起"当好先行官、架起连心桥"的新时代使命，在服务党和国家工作大局、服务经济社会发展和人民美好生活中站排头、当表率，向党和人民交出更加优异的答卷。

民生工程暖人心　点亮幸福新农村

巴渝大地，灯光下的乡村院坝里，村民们三五成群，聚在一起拉家常，脸上洋溢着灿烂的笑容，幸福满满。

这样的幸福生活得益于重庆市委市政府关心和重视民生工作，深入实施农村电网改造工程，全面改革农电管理体制，实现全市城乡同网同价。

户户通电工程　让 32 万人用上电

2006 年 4 月 18 日，在百姓们殷切地期盼中，终于迎来了万众瞩目的"户户通电"工程。

同年 6 月，公司大力推进"新农村、新电力、新服务"农电发展战略，组织公司系统 34 家基层供电单位、530 支施工队伍、11320 人参与"户户通电"工程的实施。"户户通电"工程所在地域自然条件差，海拔落差大，农户分散、交通不便，大多数村社未通公路，材

"户户通电"工程建设

料运输费时费力。加之又逢高温干旱，工作异常艰难。

江津供电公司就遇到了一个棘手难题。在江津区中山镇，有着一条闻名全国的"爱情天梯"。当时，天梯的两位主人刘国江、徐朝清的传奇爱情故事曾在全国引起轰动，入选

"中国当代十大经典爱情故事"。因位置偏远、道路崎岖、荒无人烟，两位老人住的地方一直没有通上电，生活照明全靠油灯。江津供电公司了解到两位老人的感人故事和生活现状后，决定为其架设电线，让电灯照亮他们的爱情天梯。

但难题也随之出现了，由于老两口住的地方距城镇还有 30 多千米路程，且不通公路，装载线材的货车无法通行，加上又是海拔 1500 米的高山，吊车等工具也无法使用。山路陡峭险峻，无法以人力将电杆运上去，架设电杆的常规方式根本不适用。经过仔细研究，江津供电公司决定单独为老两口一家铺

江津区供电公司员工
检修爱情天梯旁的线路

设电缆。电缆可以根据地形走势，直接铺设到家门口。而铺设电缆的成本是架设电线的 10 倍左右，一般用在主干线上，像这样专门为一家普通用户铺设电缆，之前几乎没有先例。这条电缆近 1 千米长，电缆、钢绞丝等材料共耗资近 6 万元，花了半个月才架设完毕。半个世纪以来，这里终于亮起了灯光。当时，刘国江看着亮堂堂的电灯，紧紧握着电力员工的手，感动地说道，"感谢党、感谢政府、感谢供电公司！"

2006 年，武隆区仙女山镇金竹村在实施"户户通电"工程之前，因无电，老百姓不仅在生活上饱受煎熬，更导致了许多孩子辍学，让很多男子成为"光棍"。公司经过全面斟酌、综合协调，最后从巷口客户服务中心管辖区内埋杆拉线，仅用 15 天时间就建成了一条由 36 根电杆支撑、3900 米长的 10 千伏低压供电线路，终于圆了 154 户村民几代人的通电梦。

自从金竹村通电后，曾经在县城打工的村民又搬回来了，有的开面坊、有的种大棚蔬菜，每家每户都用上了电视机，有电了，日子过得会越过越好；自从通上了电，村民家里头一件事就是给孩子买一个台灯，现在，孩子们在台灯下写作业、学习，姿势也正确了，学习成绩也越来越好。农家夜晚的灯光点亮了孩子们的眼睛，也点亮了每一位父母心中的希望。

在"户户通电"工程中，公司广大职工以大无畏的精神，风餐露宿、忘我工作，仅用7个多月时间，就完成了11.14亿元工程建设任务，解决了37个区县、3354个村、115869户无电户、约32万人的通电问题，消除无电村（组）112个。

时任重庆市委书记汪洋批示："市电力公司在历史上罕见的高温面前，知难而上，如期实现了'户户通电工程'，为我市落实科学发展观，构建和谐重庆，作出了突出贡献，成绩可歌可泣！"

两改一同价　让老百姓看到希望

直辖以来，在党和政府的领导下，为了实现同网同价，公司大力实施"三新"农电发展战略，深入实施"两改一同价"工程，积极服务"三农"发展。全面取消了县级供电企业"代管体制"，成功组建25家县级控股供电公司，统一了供电企业管理标准、技术标准和工作标准，理顺了农网管理关系，推进全市农网改造全覆盖。广袤的农村地区电力足了，电压稳了，用电难题解决了，农民群众生活更有奔头了。

"2006年10月25日安电。"在忠县乌杨镇普乐村，村民刘学伦在自家有480年历史的老宅木门上，刻上了这几个字表达内心喜悦。但通电仅仅是个开始，由于电损过大，电费接近3元钱一度，农民有电也不敢用。随后，农电网改造，又让刘学伦享受到实惠。2008年，刘学伦老人的村子进行农网改造，用电实现了同网同价，每千瓦时电只要0.52元。从此，电灯、电视机、电饭锅、打米机、脱粒机、粉碎机陆续进入了他的生活。

在大足区宝兴镇月斧村，说起农电网改造，村民指着一条高低压线路说，"现在供电稳了，关键是电价也稳了，农村跟城里电价一样，我们用着心里舒坦。"做粉条加工的杨师傅也说："以前电力不足，遇到天气不好，粉条没办法及时被风干，品质要大打折扣。"

"过去，我们这里很多家用电器不能用，经过农网改造，现在供电稳定了，所有电器同时开都没问题。"璧山区大路镇团坝村村民廖大爷说，他们院坝里有9户人，安装有3台冷暖两用的空调。10年前几乎没有人装空调，因为只要一家人用了功率较大的电器，其他人家里连电视机都开不了。现在，家家户户都安装了好几台空调，冰箱、电饭锅等一应俱全，只要城里人拥有的电器，农村人也拥有了。

1997～2020年，公司累计投入超过280亿元用于农网改造升级，全面建成以220千伏和110千伏电压等级为骨干网架、35千伏及以下网络协调发展的农村电网，实现了每个区县至少有一座220千伏变电站、两条110千伏线路接入主网架，破解了农网供电半径长、配变容量低、设备选型不高、电压质量低等难题。

📖 **延伸阅读**

农网改造助推渝东南、渝东北经济社会发展

烤烟是酉阳不少村庄的支柱产业，比如青山村，全村685户2756人中，有140户在种烟，以前都是"煤烤烟"，现在都换成了"电烤烟"，不仅烤烟速度快了一倍，烤烟颜色质量都好了，烟农收入也增加了。在2009、2010年，酉阳共投资了1100多万元配套资金专门扶持全县烤烟工程，让老百姓每年可以节约1000多万元的烤烟成本。

农网改造后，有了电力保障，各个区县的工业也因此发展起来了。忠县供电公司10个月就建成220千伏石马变电站，亚洲最大的水泥制造企业———重庆海螺水泥公司落地并迅速投产；酉阳110千伏板溪变电站建成，吸引并保证了板溪轻工业园区多家公司入驻。仅仅一家东奥迪利斯制衣有限公司，现在每月可生产12万条"LEE"牌牛仔裤，目前准备在本地和周边区县招聘3000多名工人。

2010年，重庆市电力公司相继出台《重庆市三峡库区十年电网规划》和《渝东南地区十年电网规划》，承诺实现电网再升级，助推经济社会发展。

（来源：《重庆晚报》2010年12月31日）

脱贫攻坚赋动能　乡村振兴电力足

　　"我国脱贫攻坚战取得了全面胜利。"2021年2月25日，全国脱贫攻坚总结表彰大会上，习近平总书记庄严宣告。

　　千年梦想，一朝梦圆。重庆集大城市、大农村、大山区、大库区于一体，武陵山、秦巴山集中连片特困地区覆盖重庆市12个区县，区域性贫困与"插花"式贫困并存，脱贫攻坚"任务不轻"，是全国脱贫攻坚的重要战场。

　　脱贫攻坚，电力先行。公司贯彻落实重庆市委市政府决策部署，发挥行业优势，统筹系统资源，不断加大贫困地区电网建设投入和改造升级力度，全力满足脱贫攻坚产业发展电力需求。同时，公司积极服务光伏发电接入，务实开展结对帮扶，大力实施消费扶贫，

电网再升级　脱贫动力足

中益乡场镇上空，曾经高耸的电杆、台架和变压器，以及纵横相连的电线，已从视线中"消失"。架空电线全部更换为电缆入地，使中益乡的供电能力和可靠性显著提升。

国网重庆石柱供电公司为中益乡
华溪村改造的低压线路搭火（陈健　摄）

乡村要发展，电力当先行。2019年初，随着中益乡电网改造升级步伐提速，国网重庆石柱供电公司将华溪村屋基坪片区电网改造升级纳入实施项目，解决该片区电压低、用电难问题。这里有 7 名居民，曾经使用多年的木电杆、木横担，电力设施落后。为了让居民用上稳定、充足的电力，国网重庆石柱供电公司在当时没有公路的情况下，用两台汽油机和电动绞磨，从山下交替往上绞运，硬是把 11 根电杆运上屋基坪。电杆每绞运一次后，工人就将机器再往更高的山上抬，然后把钢丝绳、钢钎等用背篼往上背，如此反复，将电杆一点点往上挪。

事实上，类似屋基坪片区电网改造的案例，数不胜数。从 2018 年初起，公司从项目、资金、措施等方面给予倾斜，对中益乡电网进行全覆盖升级，累计投入改造资金 1370 余万元，新建改造 10 千伏线路 22 千米、低压线路 46 千米，新装、增容变压器 28 台，增加供电容量 4800 余千伏安，为中益乡决胜脱贫攻坚提供了充足动力。

从电网改造升级中得到实惠的还有彭水苗族土家族自治县三义乡莲花村 1 组的王胜权。2017 年底，莲花村引进重庆沃邦公司发展羊肚菌等高端食用菌产业后，王胜权将 3 亩多土地入股，除每年的土地固定收益和分红外，还在该企业打工，有了稳定收入。

"要是电不给力，我们发展哪有这么快！"重庆沃邦公司负责人侯春均指着大棚边 1 台变压器说，该基地设备多、用电量大，国网重庆彭水供电公司将变压器和线路进行了改造升级，确保了烘干、冻库等设备用电，带动了 9 户贫困户和 8 户村民增收。

电网再升级，脱贫动力足。从 2018 年以来，公司持续推进国家级贫困县、重庆市级深度贫困乡镇电网改造升级，至 2020 年 3 月，累计投入电网改造资金 41 亿余元，18 个重庆市级深度贫困乡镇，户均供电容量由 1.35 千伏安提升至 2.1 千伏安，助推 14 个贫困县脱贫摘帽，为重庆脱贫攻坚提供了充足可靠的电力。同时，对易地扶贫搬迁用电保障，累计投资 6103 万元，为 404 个易地扶贫搬迁居民集中安置点 1.3 万余户贫困户接入电力，推进集中安置点建成重庆市级标准化示范片区。

光伏助脱贫　群众笑开颜

近年来，公司根据重庆市委市政府和国家电网的部署，明确了六个方面 16 项重点工作，决定在脱贫攻坚中充分利用部分高海拔地区光照足、时间长等特点，因地制宜，帮助发展村级和户用光伏电站，将阳光变现钱，助力村集体和贫困户实现稳定收益，全力巩固脱贫攻坚成果。

巫溪供电公司光伏扶贫项目基地

在重庆高海拔地区，一座座梯级光伏电站成为村民"致富站"。奉节县新民镇鹤峰乡柳池村光伏电站，装机容量 150 千瓦，自 2016 年 1 月投运发电。在光伏电站建设启动时，国网重庆奉节供电公司获悉后，立即安排现场勘查，制订接入方案，安装了一台 200 千伏安变压器，架设低压线路 50 米，提前完成了接入工程建设，打通了光伏电站上网最后一公里。

巫溪县红池坝镇渔沙村村级光伏电站内，7 排光伏电板整齐排列，几名供电员工和村民正在巡视光伏电板及线路、清除杂草等。渔沙村党支部书记陶春安介绍，该光伏电站占地约 5 亩，装机 140 千瓦，由渔沙、茶园、榆树、金家 4 个村联合建设，2017 年 6 月投入运营，收益主要用于各村公益岗位安置、因病因灾慰问和公共设施维修维护等。

国网巫溪县供电公司员工为当地村民普及光伏扶贫知识

"供电公司为我们免费建线路、换变压器，发的电才能上网变成钱。"陶春安说，光伏电站投运前，国网重庆巫溪供电公司投资新建了 300 余米低压线路，并将变压器由 50 千伏安更换为 200 千伏安，打通了光伏电站与电网的输送通道。

60 多岁的黄道维是渔沙村的脱贫户，光伏电站建设占用了他家 1 亩多土地。他介绍，村里每年支付他家土地流转费 1000 余元，加上平时在光伏电站清洗光伏电板、除草等，每年在电站收入超 3000 元。

巫山县平河乡朗子村村民石德顺，住在海拔 1600 多米的高山，方圆近 10 千米只有他一户独居。由于各方面条件不好，父母去世后，他与牛羊为伴，一人孤独地生活在这深山里，40 多岁还未成家。

2019 年初，他想扩大放牧养殖规模，但圈舍需要牵线接电，一下让他犯了愁，整天一副"苦瓜脸"。"不管结果怎么样，总得去争取一下才行。"石德顺怀着忐忑心情，最后还是鼓起勇气拨通了当地供电所电话。巫山供电公司运检部主任刘宗保很快就带着几名员工上门开展服务。经过多次勘查测算，立杆架线的费用需要上百万元。

刘宗保和同事反复推敲，最后决定立足实际，创新电力帮扶手段，运用光伏发电这一新能源技术，安装一套容量 3 千瓦的光伏板装置，经费 1 万余元。考虑石德顺的经济能力问题，刘宗保等人发动巫山供电公司 30 余名党员捐款，筹集约 1.5 万元，购置了一套太阳能光伏发电装置，于当年 5 月为石德顺家建了一座微型光伏供电站，圆满解决了用电难题，帮助他顺利扩大养殖规模，日子也跟着红火起来。

让光伏电站早接入、早发电、早收益，已成为公司的工作常态。2017 年以来，公司协同地方政府，建立光伏扶贫电站运维机制，畅通扶贫产业办电"绿色通道"，积极服务光伏扶贫电站，共计投资 2693 万元，免费接入村级光伏电站 287 个、户用光伏电站 763 个，接入总容量 1.6 万千瓦，支付光伏扶贫电费及补贴 1051 万元，促进了扶贫产业良性发展。

电力来帮扶　拓宽致富路

重庆梁平星桥社区金秋果树种植专业合作社负责人徐志有承包果园 300 余亩，种有樱桃、枇杷、柑橘等多种水果。

以前电力不足无法设置冻库，徐志有采摘的水果过了保鲜期只能便宜卖。他说，国网重庆万州供电公司投资近 400 万元，对星桥社区农村电网进行巩固提升改造后，有了充足的电力保障，水果可以进冻库保鲜，发展电商平台，保质期延长 1 个月，年增收至少 10 万元。

在长寿区清迈良园，智慧农棚管理员程丽梅正在使用手机上用电管家 App 打开喷灌设备浇灌蔬菜。她说，像浇水、施肥、补光、卷帘，都可以用手机操作，这得益于公司打造的"电能替代＋乡村振兴"乡村电气化示范项目。

国家电网重庆长寿供电公司投入 180 万元，对清迈良园电能替代示范项目进行了全电化改造，在景区内建设了充电设施、智能气化大棚、智能电排灌、全智能化养殖等智能电气化设备。该景区依托设在长寿供电公司的能源数据中心，利用大屏可视化技术，实时监

控园区的各类环境和用能数据,只要用电上有事,附近的供电所员工随叫随到。

清迈良园景区农棚总面积1440平方米,分为立体无土栽培、农业科技教学区等四个功能区域。智能电气化设备投用后,立体无土栽培区智能化作业代替了传统人工操作,每年可节省人力成本约30万元;同时实现精准施肥、浇灌,节肥45%、节水50%,增加农作物产量约30%。农业科技教学区、科技展览区和休闲娱乐区每年为景区带来的附加收入约20万元。

"我们在'网上国网'App上办理的新装申请,申请后4天就通电了,我们也没花一分钱,真的太感谢了。"国家电网重庆江津区供电公司员工上门回访重庆隐涵食品有限公司用电报装后的使用情况,该单位工程部负责人对供电服务赞不绝口。

在决战决胜脱贫攻坚的"战场"上,公司全面出击、奋力前行,2021年以来派出驻村干部42人,定点帮扶31个村社,惠及20439户、69287人;引进国家级乡村振兴重点区县等81个农产品上架"慧农帮"重庆专区,完成消费帮扶648万元;大力实施乡村电气化项目,支持政府和客户建设乡村电气化项目138个,新建改造10千伏及以下线路3570千米,新增更换配电变压器1941台,农配网供电可靠率达99.8006%,配网自动化线路覆盖率91%;挂牌治理69条高故障率线路和2500个低电压台区,低电压、频繁停电投诉压降85%以上,使农村从"用上电"向"用好电"转变,走上乡村振兴快车道。

📖 延伸阅读

实施农网专项工程　精准助推农民脱贫

2009～2017年,公司主动对接重庆市和各区县的脱贫攻坚规划,共投入40多亿元资金,实施多项扶贫开发专项电网工程,精准扶贫,给农民及其子女带来实惠,为农村经济发展、农民脱贫致富作出了贡献。

2009、2010年,公司响应国家实施"家电下乡"政策,投资21.5亿元实施"家电下乡"农网专项工程,建成10千伏及以下线路18 728千米,配电变压器3832台,农网改造建设面达97%，提高了供电能力电压质量和供电可靠性；同时编印《"家电下乡"服务手册》，组织"家电下乡便民服务队"，帮助农民购买和使用家电，不仅贯彻了国家政策，还促进了农业生产发展，提高了农民生活质量。

2009年2月起，公司组织建设"渝电留守儿童之家"（后改称"国家电网春苗之家"），由电力公司所属42个基层单位就近分工建设"春苗之家"选在留守儿童较多的学校，按公司统一标准建设，具有图书阅读、文体娱乐、心理咨询、亲情沟通等功能。据2015年统计，100家"春苗之家"已惠及留守儿童3.6万名。先后荣获共青团中央"2010年中国青年志愿者优秀项目奖"、2011年"全国未成年人思想道德建设工作先进单位"、共青团中央与民政部举办的2014年"中国青年志愿者服务项目大赛金奖"。

2020年，公司荣获国家电网有限公司"2020年脱贫攻坚先进集体"，连续四年荣获重庆市脱贫攻坚先进集体，各单位累计荣获地市级扶贫荣誉16项，1名同志获得重庆市先进个人。2021年，公司扶贫工作领导小组办公室获得国家电网扶贫攻坚先进集体，4名同志获得扶贫攻坚突出贡献个人，9名同志获得扶贫攻坚先进个人。

（原载《重庆电力》2018年第3期）

胸怀大爱建"天路"　不负重托援非洲

重庆，西藏，甚至非洲。公司用一根根线、一盏盏灯将这三地连接在了一起，架起了重庆援藏、援非桥梁。公司践行"胸怀大爱，不负重托"的使命，缺氧不缺精神、艰苦不怕吃苦、海拔高境界更高，发扬"老西藏精神"，书写了一段"缺氧不缺精神、艰苦不怕吃苦、海拔高境界更高"的援藏历程。用自己的实际行动守护了雪域高原上的那一束光；发扬"舍小家顾大家"的精神，奔赴战火纷飞的异国，不顾生命危险，用精湛的技术、刻苦钻研的精神，书写了电力援非共建的新篇章。

阿里联网的巍巍铁塔

援藏帮扶　四次排查找到漏电原因

2017 年 4 月，綦南供电公司援藏帮扶营销人员得知，一位在西藏芒康县经营旅店的外地生意人到芒康电力公司营业厅反映，2016 年 12 月由于天气太冷暂停营业，2017 年 3 月重新开门营业，期间没有使用任何电器，但抄表后电费高达 9000 多元。

芒康电力公司接到客户的反映后，派检查人员到现场进行了详细的检查，电表接线、互感器接线、电表起止度却均无错误。

"这种情况也不一定是电表的问题，如果是室内的暗线或者电器漏电呢？"綦南供电公司援藏帮扶营销人员帮客户分析后说："您的旅店总共四层楼，室内装修复杂，可以请个电工排查一下室内的暗线和电器，看是不是有漏电的情况。""西藏条件落后，整个县城根本没有专业的电工和检查设备，而且和很多藏胞语言不通。我们来到高原创业实在不易，这样的损失我们真承担不起啊……"客户无奈地对帮扶人员说。"您不要着急，我们来帮您想办法解决……"帮扶人员安慰说。

援藏帮扶人员上门对旅店的用电线路和用电设备进行了详细的检查，在经过 4 次现场排查后，终于找到了产生高额电费的原因：房顶灯牌处的电线胶皮老化及磨损而导致漏电，并及时为客户更换了老化线路，帮助客户挽回了经济损失。

自 2016 年 6 月以来，四名援藏帮扶人员肩负国家电网有限公司对口帮扶西藏的使命，远离家乡来到国家电网有限公司代管西藏自治区芒康县电力公司进行对口技术帮扶，在克服高原反应以及高原地区的艰苦条件后，真情奉献、真情帮扶，想方设法为当地用电客户解决用电难题，让高原上的客户们切切实实地感受到国家电网优质服务，把自己的汗水和微笑奉献给了高原，使优质服务在高原深入人心。

不忘使命　守护雪域高原那束光

2021 年 9 月 1 日凌晨 6 时 35 分，由国家电网红岩（检修变检）共产党员服务队援藏帮扶工作队队长李磊带领 6 名党员踏上了重庆到西藏萨嘎的行程。这 6 名党员，包含了一次检修、试验、继电保护、自动化专业等技术骨干。这次援藏帮扶，主要是对 220 千伏萨嘎站开展带电检测、专业巡视和首检，助力藏区推进运维"全科医生"、检修"专科医生"。

220 千伏萨嘎变电站位于西藏自治区日喀则市萨嘎县达吉岭乡热噶村，是目前世界海拔最高的 220 千伏变电站，海拔 4685 米。6 名队员初到萨嘎，气温骤降，高原反应强烈，在这个离天最近的地方，空气含氧量不足内地的 70%，一下就感觉到呼吸明显受阻，走几步就要大口喘气，头晕恶心。早上起床时感觉鼻子有点堵塞，拿纸巾一擦，发现有血块，还时不时地流鼻血，晚上睡觉时总觉得脑子一抽一抽地痛。

"缺氧不缺精神、再艰苦也不怕，到了这里就一定要为这里做些事情！" 6 名队员望着雪山，心里默默许下誓言，不忘援藏使命，以最饱满的热情投入到萨嘎变电站运检工作当中，穿越无人区，翻越海拔 5000 多米的高山，山路崎岖，山高谷深，道路极不好走，从日喀则到萨嘎来回一趟，开着越野吉普车至少要一天，路上只吃两顿饭，有时只能啃两口面包，喝口热水充饥。

十余天的援藏经历，对于援藏帮扶队员们来说，只要能让藏族同胞用上充足的电，都值得！在援藏帮扶中，队员们先后完成了萨嘎变电站 1 号主变压器，200 千伏嘎仲一、二线全套测试首检工作。同时，还建好运检管理长效帮扶机制，做好 220 千伏萨嘎站重大异常应急响应和后方技术支持，动态修订完善差异化运维策略，全面提升萨嘎站变电设备安全运行水平，用自己的实际行动守护了雪域高原上的那一束光。

援非共建　战火中守护电力

二十世纪五六十年代，毛泽东、周恩来等新中国第一代领导人和非洲老一辈政治家共同开启了中非关系新纪元，中非人民在反殖反帝、争取民族独立和解放的斗争中，在发展振兴的道路上，相互支持、真诚合作。

在众多援非建设的队伍中，潼南供电公司援建布隆迪穆杰雷水电站专家团队用精湛的技术、刻苦钻研的精神，书写了电力援非共建的新篇章。

1982 年 4 月，中国水利电力对外公司承建穆杰雷水电站。由于布隆迪缺乏水电技术人才，维修材料匮乏，且缺少资金，该电站建好后，希望中国继续协助开展机组大修、运行维护及人员培训等工作。于是，对外经济贸易合作部、水利部开始在全国遴选水电专家前往布隆迪支援水电建设。当时的重庆水利水电局举荐潼南供电公司专家团队参与布隆迪水电建设。

第一批专家组长曾昭生回忆，1989 年 12 月底，中方援建人员刚到布隆迪穆杰雷电站的时候，电站负责人列斯多尔总是把不待见中国专家的情绪挂在脸上。

曾昭生说，列斯多尔认为，这几个 20 多岁"毛头小伙子"也敢称为专家，估计也才参加工作不久，怀疑他们的维修技术，觉得对穆杰雷电站的运维起不到实际的帮助。

中方人员工作第三天，穆杰雷电站一台高压发生器发生故障。列斯多尔想以此考验曾昭生这几位所谓的中国水电专家是否有真本领。

曾昭生和同伴将专业书籍和平时工作经验相结合判断分析，是调压台上的钢丝绳掉落，导致此起故障。列斯多尔根据曾昭生的指导，立马前往调压台，将钢丝绳归位后，高压发生器恢复运转，整个处理过程仅用时 30 分钟。

在维修现场，列斯多尔向曾昭生等人竖起了大拇指，用法语不停地说："曾先生，你们很不错，很不错。"

自此以后，列斯多尔主动向曾昭生请教电站运维的所有问题、隐患，曾昭生等人也从未让列斯多尔失望过。中国水电专家过硬的技术和耐心教学的态度，得到了穆杰雷电站所有布隆迪方员工的认可。

在生活方面，中国驻布隆迪大使馆考虑到来自四川（重庆直辖前，潼南属四川管辖）的各位水电专家对当地饮食的不习惯，每周都会利用休息日到穆杰雷电站与援建专家们共同做饭、用餐。吃着异地的中餐，说着地道的家乡话，让曾昭生等人能够感受到家的温暖。

布隆迪主要由胡图、图西、特瓦三个民族组成，而胡图族与图西族长期以来矛盾尖锐，特别是在 1993 年第一位民选总统恩达耶被暗杀以来，全国陷入了内战之中，首都布琼布拉经常受到轰炸，远离城市的穆杰雷电站也未能幸免。

1997 年，潼南供电公司第三批援外专家组的张朝光乘坐押运物资的车辆从布琼布拉前往穆杰雷电站，在经过一个山谷时，被地雷炸成重伤，好在得到了布隆迪军方的及时抢救，转危为安。

"我站在电站窗口，亲眼看到山上的政府军和反政府武装激战。"潼南供电公司第五批专家组成员文洪在 2002 年 11 月，接受新华社记者张大成采访时说。

2001 年 11 月，文洪与同伴一起来到穆杰雷水电站，苦战 8 个月，为电站新增了载波通信和电脑监测。布隆迪政府验收合格后，其他同伴相继回国，而文洪却独自留在了海拔1300 多米的一个山谷里，为机组发电保驾护航。

文洪说，自从发生援建专家受伤事件后，布隆迪军方加强了对中国援建专家的保护。他每次从布琼布拉办完事后，布隆迪政府军都会派近一个连的军队保护，车上架着机枪、火箭筒，每到一个山口，都会进行一番扫射方可前进。电站周围也时常驻扎着 40 多名荷枪实弹的士兵和一辆坦克。

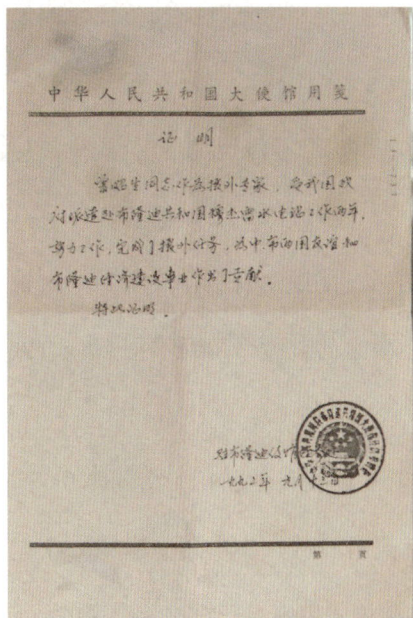

中国驻布隆迪大使馆证明

新华社记者张大成曾在《受布隆迪军队保护的重庆水电专家》一文中，这样形容文洪："夜幕降临，从山头上俯瞰布琼布拉全城灯火，很是壮观。我想：有谁知道在偏僻的山谷里，有一个中国人在默默奉献着青春呢？"

1989 年 12 月至 2003 年 12 月，潼南供电公司派出 17 名技术人才赴非洲布隆迪参加水电援建，得到了中国外交部、驻布隆迪大使馆和布隆迪方水电总局的高度评价。中共中央政治局常委、书记处书记李瑞环 1991 年访问布隆迪时，曾亲切接见潼南援布水电专家。

援非纪实档案入选"电力文化遗产"名录

1989 年起，国家电网潼南供电公司派出技术精、能吃苦、守纪律的职工先后赴非洲布隆迪首都穆杰雷援助电站运营工作、大修工程，开启了长达 14 年的援外工作，创造出"自力更生、团结协作、敢创第一"的"三块石"精神，并通过档案发掘、摸排走访编印纪实档案，成为潼南供电公司宝贵的集体记忆，被列入国家电网重庆市电力公司"电力文化遗产"名录。

打造电力"样板间"　当好经济"先行官"

重庆实施"三零""三省"服务 打造全国一流电力营商环境

　　近年来，党中央、国务院高度重视优化营商环境工作，把优化营商环境作为建设现代化经济体系、促进高质量发展的重要基础。对此，公司推出营商环境创新试点"获得电力"十项举措，在全市正式推行助力小微企业获得电力"三零"（零上门、零审批、零投资）的专项服务，不断丰富线上办电渠道，实施用电套餐服务，推行检验"云服务"，运用数字化、智能化手段，让客户接电"零跑腿"、办电省时省钱、用电更省心。

"三零" 服务惠微企

重庆爱民养老服务中心是众多享受办电"三零"服务的受益者之一。2019 年，公司出台优化营商环境提升方案，明确实施低压小微企业办电"三零"服务，大力推进"三零"服务举措落地，持续优化电力营商环境，提升客户"获得电力"水平。同时，突出"点、线、面"推广，大力推行配电网"三项"改革，进一步提高供电可靠性，全力打造全国一流电力营商环境，助力重庆经济社会高质量发展。

国网重庆电力员工为客户介绍"三零"服务（钟雪　摄）

"印象中申请办电很麻烦，哪知道从网上申请到安装电缆、电表，一共才 10 天。"重庆爱民养老服务中心主任李兴惠介绍，养老中心现有 70 多位老人，随着空调、浴霸等设备的增加，原有的电表容量不足，用电高峰时空调不能启动。她测算了一下，需要增容约 100 千瓦，才能确保设备正常使用。

2019 年 11 月 11 日，重庆爱民养老服务中心通过"掌上电力"App 提交了将电表容量增加至 160 千瓦的申请。市区供电公司工作人员到现场勘查后发现，原有的 35 平方毫米的架空线不能满足增容后供电要求，决定新敷设一根 160 米、95 平方毫米的电缆，但有 60 米需要入地敷设，涉及市政道路开挖掘路工程，需要到当地有关部门办理施工手续。

"交了申请后，我一点儿没管。"让李兴惠颇感意外的是，这次掘路，不仅没去跑路办手续，直到几天后看到公路边竖起了施工挡板，才知道供电公司已经办妥了电缆入地开挖的相关手续。

次日，新电缆敷设到重庆爱民养老服务中心电表箱处，工作人员完成了互感器及电表更换，通上了电。"若在以前，这么短的时间，我可能连道路掘路的手续都办不完。"李兴惠感叹道：现在电表免费增容了，就算 40 多台空调全部使用，都不得跳闸。

2019 年 10 月，渝中区嘉滨道茶餐厅原有的 50 千瓦用电容量不能满足经营需求，计划增加用电设备。餐厅老板张渝秀在"掌上电力"手机 App 上看到了网上办电的信息，抱着试一试的想法申请增容到 140 千瓦。没想到，仅用了 10 天，她就接电成功了。她说，以前做生意如果要扩大用电容量、办理接电，除了要花不少钱，也免不了跑很多趟营业厅。现在，直接通过"掌上电力"手机 App 就能办理接电手续，方便、快捷，也不花钱，简直让人不敢相信！

现在，只要用户通过"掌上电力"App 等互联网渠道，就可全程网上办电。公司取得客户许可后，自动线上获取客户身份证、营业执照等办电必要信息，实现客户办电"零上门"。公司还负责办理低压小微企业接电涉及的电力管线施工、城市道路开挖等行政审批相关手续，让客户不用再四处跑手续，实现办电手续"零审批"。除了这些外，用电企业办理接电还不花钱，实现"零投资"。"三零"服务惠及越来越多的低压小微企业，不仅为企业节省了办电成本，还为企业发展增添了充足动力。

"获得电力"入选"全国标杆"

2019 年 11 月，世界银行专家在渝就营商环境情况进行初步考察了解。"获得电力"是 10 个一级指标之一。围绕"获得电力"的几个核心指标——获得电力供应的环节、时间、成本、供电可靠性及电费透明度等，公司在全市推出了针对小微企业的"三零"服务。此举被业内解读为重庆围绕世界银行评价体系、对标北京和上海做法，提升营商环境的重大改革措施之一。

随着"三零"服务不断深入人心，低压小微企业办电快速增长，办电涉及的相关单位和部门加强各环节监控，防范办电流程和时间超时。市区供电公司为防止低压小微企业办电业务超时，设立营销部、分中心、营业厅三级监控，落实专人将每天小微企业报装、办理等情况登记在台账里，对临期业务及时提醒、督办，做到环节有人盯、过程有人控，形成管理闭环。不仅如此，公司还利用营销系统营业业务管控模块，对低压非居民、高压、业扩配套工程等进行在线监控，临期业务实现自动预警。通过人工、系统双重管控，低压小微企业各环节办电时限没有发生过超时情况。

全市将低压小微企业办电环节由 5 个压减至 2 个，办电、接电时间控制在 15 天内。同时，对用电容量在 160 千瓦及以下的小微企业，采用低压接入，电能表（含计量表箱）及表前接电工程，包括行政审批手续，均由公司负责，并将电能表安装在用电地址处，实现低压小微企业办电"零投资"。

电力接入涉及"市政设施建设类审批""工程建设涉及城市绿地、树木审批"的项目，实行"同步受理""并联审批"，2 天内办理；涉及建设工程规划许可证的项目，应在正式受理申请后 5 天内办结，情况复杂的不超过 10 天；涉及交叉跨越许可的，10 天内办理。

除了小微企业，在"获得电力"方面接连推出了一系列重磅举措——针对 10 千伏非居民用户，通过实施"省力""省时""省钱"服务，将办电环节压缩至 4 个环节，平均接电时间 60 天以内，其中公司办理总时长不超过 20 天；优化办电模式，服务窗口

红岩（永川）服务队开展优化营商环境"一企一策"服务活动

全面进驻县（区）行政服务中心等各级政务服务网点，鼓励实现公共服务单位综合服务窗口全覆盖；持续建立健全业扩配套资金管理"绿色通道"和"随报随批"机制，推广应用适应延伸投资的业扩报装服务模式，构建加速高效协同的负荷接入工程项目管理模式……

近年来，公司立足重庆实际，大力优化电力营商环境，不断提升服务质效，持续迭代升级"获得电力"改革举措，已累计制定 27 方面 120 项改革举措，为 7 万余户企业节约投资超 40 亿元，"获得电力"指标入选国内营商环境评价"全国标杆"，竣工检验"云服务"入选全国典型经验，全力打造"全国一流"的电力营商环境。

"水电气讯"服务获国务院肯定

2022年4月19日，重庆华虹仪表有限公司为开业做筹备，需要新装水电气。通过北碚区政务服务大厅提交了水电气联办新装申请。当天，公司相关部门进行现场联合踏勘并于4月26日答复了用能方案，随即便进行新装施工。

"水电气讯"联办可以线下申请，也可以线上报装。2022年8月1日，重庆医科大学附属永川医院通过"渝快办"政务服务平台办理医用设备配置许可时，同步提交了水电气联合报装申请。8月4日，水、电、气企业开展现场联合踏勘，8月8日便给出用能方案。永川医院相关负责人说："以前要跑好几个地方、交好多次资料，没想到这次在网上就完成了水电气报装，省时省心，这个联办真是办到了我们的心坎上。"

市北公司首创"水电气讯"流动服务车

"渝快办"App"刷脸办电"功能（吕士琳 摄）

"水电气讯"联办服务是电力惠民生的一项具体举措。近年来，公司以"渝快办电"为目标，强化政企协同、系统建设、流程优化、服务创新，迭代升级获得电力十项服务举措，持续构建高效率办电、高品质服务、高质量供电的电力营商环境。

自2022年3月启动水电气讯"四个一"联办服务以来，已建立"多厅合一"服务网点数十个，分级联络工业园区23个，建立4类统一业务申请表单，已为300余户客户提供咨询、办理服务，业务办理环节客户交互次数较单独办理压降57%，各流程环节办理时间较单独办理压缩41%，实现公用服务分头多次办向联合一次办转变。此外，公司还进一步丰富联合服务内容，探索联合收费、联合账单，并持续在各营业厅窗口推广"网上国网""渝快办"App，让市民足不出户即可完成报装、查询等业务。

据悉，公司"水电气讯"联办服务工作得到国务院发展研究中心充分肯定。

📖 延伸阅读

办电服务再提升　营商环境更优化

2023 年 5 月 10 日，国家电网重庆市电力公司正式发文，全面启动优化电力营商环境再提升行动，进一步优化提升电力营商环境，为重庆经济社会高质量发展保驾护航。

行动方案立足重庆实际，重点围绕低压用户"三零"服务巩固提升、高压用户报装高效提速、居住区充电设施用电报装快速响应、乡村振兴用电报装服务全面提升、供电领域"一件事一次办"服务升级、办电服务合规管理强化、供电可靠性全面提升等 8 个方面，制定出台 24 项具体措施，细化分解 69 项重点任务，加快建设卓越供电服务体系，推动办电品质升级，利用 3 年时间，打造重庆特色的现代电力营商环境，不断提升群众获得感、满意度。

为切实提升供电服务水平，公司进一步优化办电模式，服务窗口全面进驻县（区）行政服务中心等各级政务服务网点，鼓励实现公共服务单位综合服务窗口全覆盖。持续建立健全业扩配套资金管理"绿色通道"和"随报随批"机制，推广应用适应延伸投资的业扩报装服务模式，构建加速高效协同的负荷接入工程项目管理模式。持续提升"三零"服务城乡一体化水平，为乡村电商、仓储保鲜、冷链物流等新业态提供"一站式"服务。同时，公司持续推广供电业务"一件事一次办"，实现"不动产＋电力"线上联动过户和水电气讯"四个一"联合服务，试点供电业务跨省通办。构建"车到电通"服务模式，提升居住区充电设施报装质效。全面提升供电可靠性，力争2025 年城市核心区全面取消计划停电。

（来源：新华网重庆频道 2023 年 5 月 12 日）

当好红岩"电先锋"　擦亮服务"金名片"

"红岩上红梅开,千里冰霜脚下踩,三九严寒何所惧,一片丹心向阳开……"一曲荡气回肠的《红梅赞》,唱不尽江姐等革命者的忠贞,曾令几代中国人热血沸腾、如痴如醉。

这首歌也激励着公司一群人,他们就是国家电网红岩共产党员服务队。2012年,公司以"红岩"命名,成立了国家电网红岩共产党员服务队。至今,红岩共产党员服务队已发展壮大到110余支、3000余名队员,活跃在城市乡村、穿梭于大街小巷、服务在田间地头,战斗在第一线,冲锋在最前面,架起党联系群众的连心桥,让党的旗帜在巴渝大地为民服务一线高高飘扬。

"红岩电先锋"护航超高压

2023年2月8日19时,在500千伏思源变电站,灯火通明,10名国家电网红岩共产党员服务队队员紧密配合,正对220千伏思悦西线269号断路器开展抽真空处理。现场总负责人、队员李伟身穿黄马甲,瞪大双眼,认真做好现场监护,确保检修消缺工作安全进行。

在220千伏思悦西线气体绝缘金属封闭开关(GIS)设备区,服务队员阮一笑、王天启等6名队员,应用红外热成像气体泄漏检测仪,仔细排查隔离开关、断路器等设备有无六氟化硫气体泄漏隐患。有了

工作人员在思源变电站检修作业

这个"黑科技"帮忙，能够精确定位气体的泄漏点，提高隐患排查的效率和质量，为复查检修状况和后续处理提供了强有力的支撑。

GIS 气体泄漏隐患排查正在一丝不苟进行。此时，在变电站另一角，小组负责人、服务队员秦春林带领继电保护人员，应用万用表等调试设备，推广同频同相极性测试技术，对思悦西线母差保护装置开关开展传动试验，验证保护逻辑的正确性。

这是红岩电先锋又一次护航超高压的案例。早在 2 月初，超高压公司根据前期隐患排查专项特巡情况启动 500 千伏思源变电站专项隐患治理、年检、消缺等综合检修工作，涉及多个 5 级电网风险、3 级作业风险，参与检修单位 4 家、检修人员 70 人，现场点多面广、安全管控难度较大。为此，公司组织开展"红岩先锋稳开局　护航平安超高压"主题活动，根据变电一、二次检修专业设立党员示范岗 4 个，成立 500 千伏思源变电站综合检修作业共产党员责任区，明确各责任区责任范围，组织示范岗党员作出承诺，即落实"四全"举措各环节要点，做好现场工作全过程安全及质量管控，带领党员服务队和团员青年攻坚克难，确保各专业工作安全顺利完成，为重庆骨干电网的安全可靠运行持续提供坚强的设备保障。

盛夏酷暑期间电力员工在 500 千伏思源变电站巡检

"四全"举措是超高压公司为确保本次综合检修工作安全首次采取的措施：一是全停集中检修。首次开展500千伏变电站220千伏电压等级3母、4母全停集中检修，一次性完成5类12项检修任务，有效降低检修风险。二是全新检修模式。首次采取"集中检修＋工厂化检修"新模式，在A级工厂化检修基地实施盆式绝缘子更换关键工序，洁净度控制和专业化程度对标制造厂级。三是全业务核心班组自主实施。作业班组应用自有专业机具和吊车等完成GIS解体检修等3项高难度Ⅰ类检修关键业务自主实施，变电专家团队排查清除1处GIS内部金属屑异物重大隐患。四是全要素标准化管控。纳入年度十二项重大检修，固化重大检修工作风险标准化管控体系，确保现场可控、在控。

2023年2月13日凌晨5时，500千伏思源变电站220千伏3母、4母恢复送电操作，接线完成，通电成功。

"红岩电管家"享誉山城

2023年2月6日上午，奉节供电公司草堂供电所"红岩电管家"来到草堂工业园区重庆艾克森勒工具有限公司开展上门走访服务，巡视检查专用变压器运行情况，并建议公司加强分时电价的执行，降低用电成本，助力重点民营企业复工复产。同时，还递上红岩电管家服务电话名片，叮嘱企业如有电方面的困难和问题，随时联系。

2023年元宵节后，全市各企业相继复工复产，用电负荷逐步回升。红岩共产党员服务队积极行动，主动上门开展走访服务，保障企业可靠用电。在重庆明旭光学科技有限公司，"红岩电管家"对该公司配电变压器、开关柜等进行全面用电隐患排查，确保用电设备以最好的运行状态投入到

"红岩电管家"赠阅《2022年履责成果汇编》（张艺　摄）

新一年的生产工作中，助力企业复工生产"开门红"，跑出供电服务"加速度"。

重庆金康动力新能源有限公司是赛力斯集团旗下专业从事新能源动力系统业务的子公司，主营产品为电驱、电控、超级增混系统。2023 年，该公司产能持续扩增，对供电质量提出更高要求。为做好当年迎峰度夏电力保供工作，市区供电公司当好"红岩电管家"，提前对新能源企业能效评价、电量电费、负载、峰谷用能等方面情况进行全方位了解，以专业的视角，对企业当年 1～4 月的电量电费、用电负荷等数据进行深入分析，并多次深入生产现场，对企业供电设施进行全面"体检"，协助排查供电设备使用中存在的安全隐患，为企业提供能效诊断服务，提出用能优化方案，指导企业进一步优化生产时间，最大程度享受分时电价福利，同时，积极向企业推广分布式光伏和储能技术，确保迎峰度夏保供有力有效。

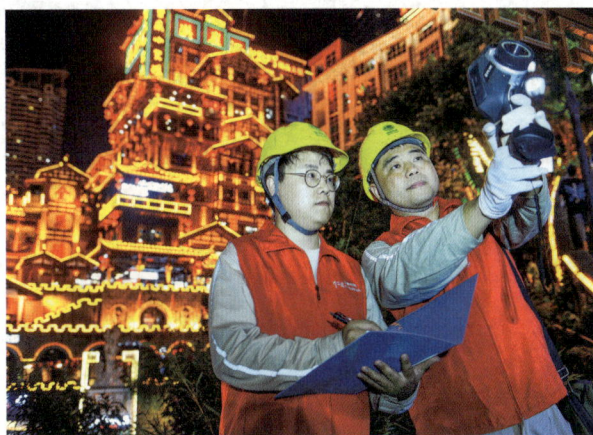

工作人员在洪崖洞景区巡视线路（韩薇　摄）

此外，"红岩电管家"还认真了解各走访企业的生产计划及用电负荷需求，掌握设备运行和厂区安全管理等方面情况，结合该公司生产计划，就用电负荷调整、用电安全以及合理安排生产用电等方面提出建议。

如今，"红岩电管家"享誉山城，成为公司最闪亮的品牌，成为国有企业传承"红岩精神"的典范，照亮了"人民电业为人民"的铮铮誓言！

急难险重任务敢担当

重庆电网是西电东送的枢纽环节，向家坝—上海（复奉）、锦屏—苏南（锦苏）、酒泉—湖南（祁韶）、白鹤滩—江苏（建苏）。4 条在运特高压线路横贯重庆，直接与华东负荷中心相连。

国家电网红岩共产党员服务队对±800千伏复奉线进行全面"体检"（李涛 摄）

保障电网安全，责任重于泰山，一支支红岩共产党员服务队坚守在各个岗位上。在渝东北边陲，城口电力公司每年派出党员骨干在大巴山密林深处连续蹲守，守护电力设施；在渝东南，红岩共产党员服务队每年深入武陵山区对属地重要线路开展特巡，保障千家万户用电；在渝鄂陕三省交界要塞鸡心岭，红岩共产党员服务队骨干驻守林区，加强对特高压祁韶线的设备运维；在南川山区，超高压公司青年党员携带工器具和干粮，在复奉线特高压沿线区域特巡特护。

每年高温天气时期，特别是在连晴高温超40℃、电网长时间超负荷运行的情况下，110余支国家电网红岩共产党员服务队深入特巡前线、3000余名队员出动蹲守重要输电通道，5000余名抢修人员"7×24"小时应急待命，及时处置特高压密集通道隐患险情，确保电网安全平稳运行。

像这样的故事，在国家电网红岩共产党员服务队建设发展的11年里有很多，他们多次承担和出色完成了抗洪、抗震、抗灾等重大急难险重任务，并得到政府和社会的赞扬，擦亮了服务"金名片"。2018年，国家电网红岩共产党员服务队获"国家电网金牌共产党员服务队"称号，3支国家电网红岩共产党员服务队获"国家电网优秀共产党员服务队"称号。

国家电网红岩共产党员服务队从诞生到成长，从成长到壮大，从壮大到名扬，每一支服务队、每一位队员，都倾尽全力奉献着自己的光和热，也为"红岩精神"的传承书写下生动的新篇章。

📖 **延伸阅读**

公司打造红岩先锋工程

公司党委聚焦特高压入渝、电力保供、安全生产、优质服务等中心工作，实施10类"党建＋"红岩先锋工程，打造"党建＋"特色项目近600个。组建入渝特高压工程和度夏保供重点工程临时党委，成立"红岩先锋"党员突击队，在急难险重任务中发挥战斗堡垒和先锋模范作用。2023年6月，举办重庆电力厂网党建共建联合保供主题活动，签订厂网共同联合保供协议，成立厂网党建联盟和"红岩先锋·厂网保供联合攻坚队"。

红岩供电服务品牌

2021年5月10日，国网重庆市电力公司红岩供电服务品牌案例入选国务院国资委2020年度国有企业品牌案例。

【红岩供电服务品牌体验点一】

国网重庆市区供电公司企业历史文化展馆

国网重庆市区供电公司企业历史文化展馆所在地大溪沟是重庆电力的发源地，几代电力工人历经百年沧桑，用青春和热血，书写创造了重庆电力发展的历史丰碑。公司不仅典藏了重庆百年电力的深厚历史文化积淀，更延续和传承了爱国奉献的红岩精神和光荣的革命传统。

【红岩供电服务品牌体验点二】

"红岩电力先锋"示范工程——110千伏朝天门变电站和朝天门11码头港口岸电

110千伏朝天门变电站是新加坡凯德集团和国网重庆市电力公司联合修建的环境友好型室内变电站，该项目被评为中新合作示范工程，为解放碑CBD未来20年的电力供应提供坚强支撑。

朝天门港口岸电系统运用离岸浮动式双供电浮趸技术、岸电云平台等创新技术，为港口停泊邮轮提供供电服务，是公司积极践行"创新、协调、绿色、开放、共享"新发展理念的生动实践，也是积极对接重庆市"山清水秀之地、内陆开放高地"战略目标的央企担当。

【红岩供电服务品牌体验点三】

红岩村社区联建点

红岩村位于嘉陵江畔，是抗日战争时期中共中央南方局所在地。2019年以来，公司通过与红岩精神发源地的红岩村社区开展党建联建，由供电方为社区提供高可靠性供电方案和便捷服务，社区为供电公司提供服务评价反馈和员工党性教育场地，最终促成重庆市电力公司与红岩革命历史文化中心签订《党性教育基地合作战略协议》，实现了合作共赢。

【红岩供电服务品牌体验点四】

市区渝中国家电网红岩共产党员服务队工作室

市区渝中国家电网红岩共产党员服务队，服务供电范围覆盖重庆渝中区18平方千米，供区为重庆政治经济商业文化中心，这里以全市八万分之一的土地面积，创造全市近5%的GDP，解放碑商圈负荷密度超过13万千瓦/平方千米，对高可靠性的供电保障能力的要求极高。市区渝中国家电网红岩共产党员服务队在核心，在服务发展的最前列、在攻坚克难的第一线、在为民服务的每一天，传承红色基因，弘扬红岩精神，践行"人民电业为人民"的企业宗旨，争当发展先行忠诚担当的先锋队、抢险救灾攻坚克难的突击队、关注民生心系群众的服务队。

川渝电网互通联　双城赋能加速跑

2020 年 1 月 3 日，成渝地区双城经济圈建设上升为国家战略。

投身成渝经济圈建设，当好电力先行官！赓即，公司主动融入成渝地区双城经济圈建设，加快推进成渝电网互联互通，保障重大项目建设用电，促进新能源充电桩发展等，蓄足新动能、服务加速度，为助推成渝地区双城经济圈发展，构建电力赋能新格局提供坚强能源保障。

川渝一体化电力调峰辅助服务市场启动仪式

五条电力"高速路"

电网跨越千山万水，连接千家万户。随着成渝两地经济互惠交织，在满足快速增长的用电需求中，川渝主网架从弱到强，轮廓愈加清晰……

2017 年，川渝第三通道投运，提高了川渝断面输送能力；2020 年 6 月，通过实施 500 千伏铜梁变电站加装静止无功发生器（SVG）工程，川渝通道达到最大送电能力 600 万千瓦；2022 年，川渝 1000 千伏特高压交流项目取得核准，计划"十四五"期间建成投产，投产后将有力支撑成渝地区双城经济圈建设。

"川渝两地，电力有 5 条高速路。"公司有关负责人介绍，随着成渝地区双城经济圈建设上升为国家战略，公司与国网四川省电力公司的合作越来越紧密，2022 年 6 月 13 日双方还签署了一份战略合作框架协议，约定共同推进川渝特高压项目，打造川渝电网资源优化配置平台；推动疆电入渝直流工程尽早落地，丰枯期重庆、四川电力电量相互支援；充分发挥两地电网能源资源汇集平台作用，实现四川、重庆、西藏等地水、火、风、光、储电

力资源优化配置；开展电力电量余缺互济，提升川渝整体电力保障水平。

2022 年夏天，川渝地区遭遇持续时间最长、影响范围最广的极端高温天气。罕见高温持续考验成都、重庆两座城市的应对能力，双方积极携手，利用水火互补促进发展转型。

2022 年 7 月 6 日，川渝一体化电力调峰辅助服务市场正式启动，当日成交交易 118 万千瓦时。川渝两地调峰资源首次实现跨省优化配置，两地构建起有效竞争的川渝电力市场结构和市场体系。

2022 年 7～9 月，在两地面临空前未有的保供压力下，川渝通过电力调峰辅助服务市场成交 441 万千瓦时，强化了川渝地区能源保障，提升电力系统稳定性和灵活调节能力。

同时，两地电网员工坚守岗位、拼搏奉献，坚定"保电有我、有我必胜"的信心和决心，守牢大电网安全生命线和民生用电底线。在度夏保供电艰难的 60 天里，公司从党委到支部、党员，从到干部到普通员工，顶住压力、使出全力，各项举措能出尽出、各类方法可用尽用。

一组数据记录了保电路上的"物之甘苦，道之夷险"：2022 年夏，中长期外购电力最大 627 万千瓦，外购电创历史最高；六大区域电网、21 个省级电网累计支援重庆 50 天，应急电力最大 370 万千瓦；实行"零点检修"、不停电作业，快速处置各类突发状况 1200 余次；精益化推动工商业让电于民，最大压降负荷 459 万千瓦……惟其艰难，方显勇毅；唯其考验，更显荣光。

为加速推进成渝地区两地电网互联互通，公司立足完善服务"一区两群"电网网架，构建结构坚强、运行灵活的 500 千伏"双环两射"主网架，高质量规划建设城市配电网，在"两江四岸"、科学城核心区等重点区域建成一流城市配电网示范区，高规格建设两江新区、中国西部（重庆）科学城等新区电网，因地制宜建设新型乡村电网等，提高供电保障能力。

特高压助力双城"加速跑"

为缓解高峰期供电紧张，重庆多年前就有过建设一条特高压线路的设想。特高压是指

±800 千伏及以上的直流电和 1000 千伏及以上交流电的电压等级。与较低电压输电方式相比，特高压具有传输功率高、输电距离远、线路损耗低等优势，能保证用电高峰期更可靠地供电。以前重庆只有 500 千伏的输电线路，电力输送能力有限，长远来看很难应对经济社会发展对电力的需求。打个比方，较低电压输电是国道，特高压就是高速公路。虽然之前重庆也有特高压过境线路，但电力只是经过重庆，送不到重庆。

2023 年 6 月 26 日，推动成渝地区双城经济圈建设重庆四川党政联席会议第七次会议座谈会举行，四川省委书记王晓晖说："要把全方位互联互通作为关键抓手，加快推进川渝 1000 千伏特高压交流工程建设。"这项首次落点重庆的特高压工程进入全面建设期，是连接四川、重庆电源和负荷中心的电力高速路。

川渝 1000 千伏特高压交流工程是重点输电工程，纳入《共建成渝地区双城经济圈 2023 年重大项目清单》。整个工程将新建四川甘孜、天府南、成都东和重庆铜梁 4 座特高压变电站，变电容量 2400 万千伏安，新建双回特高压线路约 657 千米，总投资 286 亿元。

川渝 1000 千伏特高压交流工程铁塔全部采用钢管塔，平均单基质量达 215 吨，创下了重庆输电线路工程中铁塔平均单基最重的纪录。此外，该工程的线路基础、组塔、架线全部采用机械化施工，是重庆首个实现全机械化作业的输电线路工程。

这一工程预计 2024 年建成投运，届时，重庆将拥有"一交一直"两个特高压工程落点，西南电网的主网架电压等级将从 500 千伏提升至 1000 千伏，能有效承接川西甘孜、阿坝地区水电等清洁电能外送，更好保障成渝负荷中心用电需要，进一步推动成渝地区双城经济圈建设。

开通跨省办电业务

《成渝地区双城经济圈建设规划纲要》提出"推动广安全面融入重庆都市圈，打造川渝合作示范区"。2021 年 12 月 27 日，在重庆市渝北区茨竹镇与四川省广安市邻水县高滩镇交界处，川渝高竹新区正式挂牌。这是川渝两地共同批准设立的唯一一个跨省域省级新区。

　　川渝高竹新区是首批成渝地区双城经济圈建设产业合作示范区之一。因行政地域横跨两地，电力方面的政策存在差异。国网四川省、重庆市电力公司便着手调研新区客户的用电需求，通过调研发现，位于两地交界处的部分客户，有的虽属重庆但距离四川更近，反之亦然。新区内，类似的有几十个村 2 万余户农户和一些工商业客户。

　　除了办电业务办理不方便，两地业务办理流程、电力数据网络、电价水平都不相同，到底该怎么"融合"两地的电网业务？经请教上海浦东区和江苏昆山市供电公司同行，邀请清华能源研究院的专家"把脉"，与两地政府规划部门以及新区党工委、管委会会商后决定，由两地电力公司共同组建一家跨省域的供电服务机构，推行一体化服务。

川渝高竹新区供电服务中心挂牌成立（向江微　摄）

　　2022 年 6 月 14 日，由国网四川省电力公司和国网重庆市电力公司共同组建的川渝高竹新区供电服务中心正式运营，按照统一受理业务、统一信息系统、统一电价水平的"三步走"思路，首先开启"一口对外、一体化服务"的业务受理模式，为新区内川渝两地客户提供报装、收费、咨询等业务"一站式"办理服务。

　　"用了 2 天时间，基站电表就安装完毕，成功接电。"中国铁塔集团重庆分公司负责运行维护渝北区方家沟村区段的工作人员李扬谈起两年前的事情记忆犹新。他来到国网川渝高竹新区供电服务中心，咨询在村里新增一座基站如何办电。在工作人员指引下，他不用返回重庆的供电机构办电，而是就地提交了办电申请，完成"渝电业务四川办"。

川渝高竹新区管委会副主任钟超说："供电服务中心营造了良好的电力营商环境，提升了企业、居民办用电幸福指数，更有助于政府招商引资，极大增强了企业投资、入驻川渝高竹新区的信心。"

为了给川渝高竹新区落户企业提供更好的服务，川渝高竹新区供电服务中心的客户经理采用"网格化"管理，主动为新区的客户提供精准能效分析，用数据模型帮助客户做好电费测算，组织 361 户客户参与市场化交易，累计交易电量 15.12 亿千瓦时，为客户节约电费 8899.40 万元。

主动融入双城建设

双江航电枢纽工程是川渝合作深入推动长江经济带发展的重点航运项目，上接四川省遂宁市三星航电枢纽，下连重庆潼南航电枢纽。项目总投资 26.11 亿元，规划蓄水位 249 米，工程开发以航运为主，兼顾发电、河道生态修复等综合利用效益，年平均发电量 1.885 亿千瓦时。将于 2024 年年底实现发电、通航，届时千吨级船舶可顺着涪江、嘉陵江进入长江航道。

为保证双江航电枢纽工程建设有序推进，公司帮助客户做好用电规划，组织建设输电线路 10.7 千米，35 千伏电缆线路 60 米。潼南供电公司输电运维班班长周永春说，现在每天的主要工作是利用无人机对大潼三线 19 号杆到 35 千伏双航变电站之间的线路进行巡视，排查线路和树障隐患。

为服务成渝双城经济圈交通基础设施建设，公司创新服务方式，积极推动新能源汽车充电设施布点规划、建设的基础，联合比亚迪、长安新能源等 9 家车企，在 100 余家 4S 店布置了"一站式"国网新能源汽车自助服务区，率先推出新能源汽车试驾、销售、租赁服务，统筹协调办电、接电和汽车经销商装桩、调试环节，做到售车、建桩、接电并行推进，实现客户信息线上流转、充电桩接电业务一网通办、用电申请一次不用跑。近年来，新建充电桩 450 个，在 28 个高速公路服务区建设充电桩 112 个，累计建成充电桩 5600 余个，年充电量达 5700 多万千瓦时，为重庆市电动汽车提供可靠能源电力保障。

新能源汽车试驾、租赁服务（颜玲莉　摄）

📖 延伸阅读

成渝地区双城经济圈建设规划纲要

2020 年 10 月 16 日，中共中央政治局召开会议，审议《成渝地区双城经济圈建设规划纲要》。本纲要是指导当前和今后一个时期成渝地区双城经济圈建设的纲领性文件，是制定相关规划和政策的依据。规划期至 2025 年，展望到 2035 年。

本纲要明确了成渝地区双城经济圈规划范围：包括重庆市的中心城区及万州、涪陵、綦江、大足、黔江、长寿、江津、合川、永川、南川、璧山、铜梁、潼南、荣昌、梁平、丰都、垫江、忠县等 27 个区（县）以及开州、云阳的部分地区，四川省的成都、自贡、泸州、德阳、绵阳（除平武县、北川县）、遂宁、内江、乐山、南充、眉山、宜宾、广安、达州（除万源市）、雅安（除天全县、宝兴县）、资阳等 15 个市，总面积 18.5 万平方千米。

本纲要提出，要把成渝地区建设成为具有全国影响力的重要经济中心、科技创新中心、改革开放新高地、高品质生活宜居地，推动成渝地区形成有实力、有特色的双城经济圈，打造带动全国高质量发展的重要增长极和新的动力源。

川渝能源协同新格局

川渝两省市出台《推动川渝能源绿色低碳高质量发展协同行动方案》，提出了7个方面22项具体协同任务。

清洁能源基地方面，提出稳步推进四川"三江"水电基地开发，建设一批风电、光伏基地，共建川渝千亿立方米天然气产能基地等协同措施。

川渝电网一体化方面，提出加快建设川渝特高压交流工程，推进川渝一体化电力辅助服务市场建设，共同加快论证藏电、西北电入川渝等协同措施。

能源储备方面，提出规划建设一批抽水蓄能电站和一定规模新型储能电站，共建西南地区百亿立方米级储气调峰基地，提升成品油储备能力，完善煤炭储备体系建设等协同措施。

能源消费清洁转型方面，提出打造成渝绿色交通走廊，推动化石能源清洁利用，加快实施电能替代，推动天然气高效利用，减少能源生产碳足迹等协同措施。

能源现代化治理方面，提出推动油气管道等基础设施向第三方公平开放，支持高标准建设重庆油气交易中心等协同措施。

能源供应保障方面，提出共同争取国家政策支持，建立电力、天然气、成品油、煤炭等能源运行保障协作等协同措施。

能源产业链发展方面，提出做大做强清洁能源装备制造，培育能源新技术新业态，加大关键能源科技攻关，强化产业链协作配套等协同措施。

第5章

逐梦前行：联传承·育好人

　　事业发展，关键在人。

　　天时人事日相催，薪火相传耀巴渝。回顾重庆电力110多年发展历程，从革命先驱到领军人才，从优秀党员到楷模人物，从工匠能手到杰出青年，一代又一代重庆电力人满怀实业救国、科技兴国的理想，坚守许身报国、创新强国的初心，以大无畏的革命精神立潮头、涉险滩、攀高峰、攻难关，用自己的热血、辛劳和汗水谱写了一部忠诚担当、求实创新的恢宏史诗，以坚定的信仰、信念和信心点燃了一段激情燃烧、为梦拼搏的光辉岁月。

　　征途漫漫，惟有奋斗。新征程上，我们要始终牢记初心使命，坚定理想信念，赓续红色血脉，把前辈们留给我们的精神传统和优良作风传承好、发扬好；要始终心怀"国之大者"，奋力跑好"接力棒"，锻强"大国重器"顶梁柱，把前辈们开创的伟大事业和伟大梦想发展好、实现好，在新时代新征程新重庆建设中当先锋、做模范，开创重庆电力事业发展新辉煌。

实业报国铸梦想　创新创业奠基石

回望重庆电力发展的百年时光，不能忘却傅友周、卢作孚、刘航琛等这些电力企业家的名字，他们实业救国，创新创业，为开创重庆电力事业奠定了基石。

傅友周：临危受命总经理　电厂保护大功臣

傅友周（1886—1965），大学教授、城市建设专家和电力企业家。重庆解放前夕，他作为重庆电力股份有限公司的总经理，组织了4支工人武装护厂队，保护了多个电力设施，是护厂斗争的功臣之一。他在重庆解放后历任重庆电力股份有限公司总经理、西南军政委员会重庆区电业管理局副局长、重庆电业局副局长和民建重庆市委、重庆市工商联协作委员会副主任委员等职，为重庆电力工业的发展作出了重要贡献。2003年经重庆市政府评定为"重庆历史名人"。

1949年8月，傅友周临危受命，担任重庆电力股份有限公司总经理。当时，公司生产经营已经困难重重——全公司每月发电550万千瓦时，但抄表电量不足250万千瓦时，电量和电费损失超过一半；除历史欠债外，当年又欠5千吨煤款，欠借款银圆6万余元，欠公司职工2个月工资。

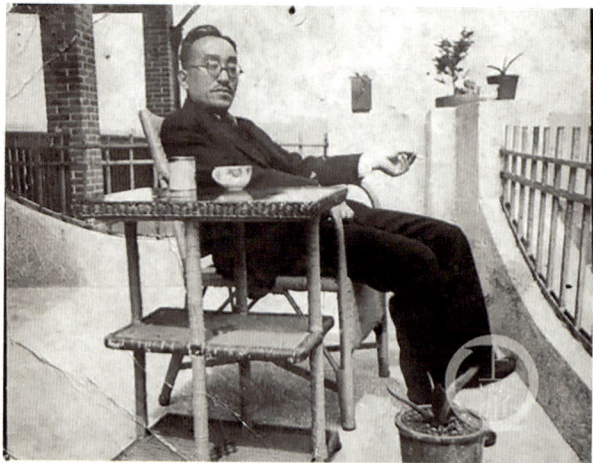

傅友周

面对困境，傅友周首先尽力团结公司的中、高级技术人员和管理人员，共同维持公司的生产经营业务，同时采取积极有效的应对措施认真梳理公司的行政管理工作，清理欠费，保证公司收入；成立财务收支审议委员会，由他兼任主任，委员由职员 3 人、工人 3 人组成，审议财务开支，尽可能节约非生产性开支，降低成本，这在当时是一个创新之举。此外，积极设法筹措资金，保证按月发放工资，并在 3 个月内补发完过去拖欠的工资，得到了工人们的信任和支持，从而使公司生产经营维持下来，避免了倒闭的命运，也保证了重庆的电力供应。

1949 年 11 月，中国人民解放军挺进重庆，国民党政府在溃逃前夕，制定了破坏重庆城市和兵工厂、电厂等重要企业的罪恶阴谋。傅友周得到了指示要求——全力保护电力设施。他召集相关人员研究护厂措施，筹集费用及枪支，组建了公司总部和 3 个电厂共 4 个护厂队，保护了三个电厂和多个供（变）电站等电力设施，保证了重庆解放初的电力供应。

重庆解放后，傅友周和公司职工对解放前夕在中美合作所牺牲的电力英烈和护厂斗争中遇难的职工十分崇敬，深情怀念。1949 年 12 月 24 日，公司礼堂举行了庄严肃穆的追悼大会，沉痛悼念在中美合作所牺牲的电力英烈和在鹅公岩电厂护厂斗争中牺牲工友。编辑出刊了《重庆电力公司暨全体职工为本公司殉国烈士、护厂死难工友追悼大会特刊》，傅友周亲笔题词"浩气长存"，充分表达了这位电力企业家对电力英烈们浩大刚直革命气概的崇高敬意和深切缅怀。这是全市第一个追悼革命先烈的追悼会，充分体现了傅友周和重庆电力公司职工的革命觉悟和爱国热情。

卢作孚：点亮民生"第一灯"　助力长江水电开发

卢作孚（1893—1952），著名爱国实业家、航运家、教育家和社会活动家。他是合川电力工业的开创者和北碚水电开发的先驱，也是第一个在美国刊物上宣扬"三峡水电站"和长江上游水电开发建设宏伟蓝图的爱国企业家。在 2006 年重庆"纪念有电 100 周年"庆祝活动中，卢作孚被评为重庆"百年电力十大人物"之一。

卢作孚曾被毛泽东主席评价为"在中国民族工业发展过程中""不能忘记"的"四个实业界人士"之一。他不仅是西部的船王，还是一个有重要贡献的电力企业家。

1925年8月，卢作孚从成都回到合川，筹办民生公司，从事内河航运。因见家乡夜间一片黑暗，而外地大城市均有电灯照明，决心开办电灯厂，照亮故乡。1926年4月，卢作孚在合川县城齐家巷租借药王庙，创办了合川第一个电厂——民生公司合川电灯部，合川城区第一次有了电灯照明，使合川成为四川最早用上电灯的县

卢作孚

城之一。

卢作孚十分重视水电资源的开发利用，是北碚水电开发的先驱。抗日战争时期，北碚由于迁入的学校、机关、工厂较多，用电需求大增。为此，1943年6月，成立富源水力发电公司董事会，筹建高坑岩水电厂。卢作孚是董事会成员之一。1943年7月，高坑岩电站动工，两台发电机组

民生公司电灯部遗址

先后于1945年1月和5月投产发电。这是北碚地区第一个水电站和第一个公用电厂，极大地改善了北碚的电力供应。

卢作孚也是第一个在国外大力宣扬"三峡水电站"和长江上游水电开发宏伟远景的中国企业家。1944年11月，卢作孚作为中国实业界的代表，出席在美国纽约召开的国际通商会议，在会上发表演讲，同时撰写了《中国中心的伟大基地——四川》一文美国 *Asia and the Americas* 杂志（1945年4月第45卷）。他在文章中写道"这个地区最惊人的是它的水力，一个可能修建比美国著名的田纳西水利枢纽大好几倍的、世界上最大的水电站的地址，

最近已在宜昌附近找到。"这篇充满爱国热情的文章，当时在国外引起高度关注和良好反响。卢作孚还专门用了 3 天时间参观考察美国著名的田纳西河流域管理局，同那里的水利电力专家讨论三峡水电枢纽工程建设有关问题，并曾在美国为三峡工程建设的引资、设计和技术等问题，与美国内政部、内政部垦务局的官员进行过协商，以促进"三峡水电站"工程早日动工建设。

如今，卢作孚当年热情描绘的长江三峡及上游水电开发的宏伟蓝图已成为现实：世界最大的水电站——长江三峡水电站已建成发电，并向重庆送电。

刘航琛：保电创奇迹 英勇克时艰

刘航琛（1897—1975），战时重庆著名财经专家和电力企业家。抗战时期，他是重庆和四川最大的两家地方银行的董事长，对重庆金融业稳定发展、成为大后方金融中心，作出了重要贡献；他是重庆电力公司最大的投资者和首任总经理，组织电力员工开展反轰炸斗

刘航琛

争，确保战时电力供应，有力地支持了全民抗战。2003 年被评选为重庆市客籍历史名人，编入《重庆历史名人典》。

1935 年 1 月，重庆市政府成立商办重庆电力股份有限公司，刘航琛成为首任总经理。

1938 年，日军飞机对重庆实施野蛮轰炸，电力设施损失惨重。面对轰炸，刘航琛和全体员工高扬抗日救亡的爱国热情，机智勇敢，沉着应对，开展反轰炸、保供电的英勇斗争。刘航琛代表电力公司坚定地向社会表示："今后无论在任何困难的环境下，国防工业与生产工业之电力供给决不辍断一日。"

为保护电力设施，刘航琛带领公司职工，采取分散隐蔽、靠山进洞的方法转移保护发

电设备。1939年6月，在市郊弹子石新建厂房，1000千瓦机组迁入，作为应急电厂；1940年8月～1942年4月，将鹅公岩两个山洞扩建为山洞厂房，将1台4500千瓦机组迁入，这是当时国内最大的山洞电厂。

刘航琛还召集职工组建了电力防护抢险抢修队，严阵以待，有准备、有秩序地开展大轰炸抢险抢修斗争。1940年8月19日，重庆市区80多条街巷被炸，190多条高低电压线路毁损。轰炸警报刚除，防护抢修队全体员工立即冒着生命危险，进入烈火熊熊、烟尘遮天蔽日、房屋设施不断倒塌的被炸街道，抢修炸毁的电力设施，3小时就修复数十条供电线路，使被炸街区大都恢复供电。1941年6月12日，大溪沟电厂遭日军轰炸，发电设施被炸毁。防护抢修队和该厂员工共600多人，连续奋战三天三夜，终于恢复向市区供电。

由于大轰炸造成巨大损失，电厂迁建花费巨大，防护抢修队人工劳务费较多，人口疏散电费减少等原因，公司从1939年起逐年亏损，资金周转困难，生产经营陷入困境。刘航琛和公司有关部门采取有效措施，积极应对。加强财务物资管理，修旧利废，减少消耗，降低成本；购买电气线路设备保险，获取赔付，减少损失；逐日上报轰炸财产损失，向重庆市政府申请补助财产损失。

抗战后，入渝企业、单位大多沿两江四岸向市郊延伸，郊区人口和民用电大增。对此，刘航琛领导公司不断向江北、南岸、沙坪坝扩建供电线路，满足郊区用电的需求。随着内迁入渝企业不断增多，工业用电大幅增加，公司所属电厂的发电能力，已远不能满足用电需求。于是，他们每年向兵工厂、造纸厂等自备电购电3500千瓦左右，尽可能满足用电需求。此后，由于外购电力后仍有缺口，公司按照抗战的要求，决定保证军事用电、民防用电和军工企业用电——电力不足时，对一般企业用电进行限电，居民分区轮流用电，努力克服大轰炸和电力不足造成的种种困难，不仅没有出现大面积停电，售电量还不断增长。

据统计，在刘航琛的领导下，重庆电力股份有限公司的发电量从1936年的489万千瓦时，增至1944年的4897万千瓦时，足足增长了9倍，创造了在日军大轰炸下大城市供电逆势增长的奇迹。

技术报国铸重器　专业专注创卓越

为了推动重庆电力事业的发展进步，一位位电力专家满怀技术报国热情，来到深山中、下到河滩边，秉持匠心精神钻研和传播电力技术，主持推进系列电力项目建设，为重庆电力事业发展作出了卓越贡献。

吴震寰：中国现代水轮机设计第一人

吴震寰（左）与父亲吴玉章（摄于法国）

吴震寰（1901—1949），电力和电机工程专家，我国无产阶级革命家、教育家吴玉章之子。1938 年到重庆参加抗战建设，任长寿水电工程处工程师兼工务长，主持多个水电站的设计与建设；设计并监制了国内最大的 730 千瓦水轮机组及多台水电机组，为我国电力工业和电机制造工业的发展作出了创造性的重大贡献。2006 年，被评选为重庆"百年电力十大人物"之一。

1938 年 3 月，吴震寰担任四川省长寿县（今重庆市长寿区）龙溪河水力发电工程处工程师兼工务长，开发建设我国第一个梯级水电站——龙溪河水电工程。

那时，水电设备都从国外订购。由于日本侵占了我国沿海地区，实行封锁，从美国进口的设备需从法国占领的越南海防港转运。吴震寰主动承担了去海防港转运设备回国的任务。海防港到重庆路途遥远，加之日军飞机轰炸，可谓困难重重。他不辞劳苦，克服困难，将设备从越南经滇越铁路运至昆明，再用汽车经云、贵、川三省的崇山峻岭，成功运回长寿水电站工地。随后，他立即指挥工程处职工抓紧安装，只用半年时间，于 1941 年 3 月将装机共 876 千瓦的 3 台水轮发电机组高质量地安装完毕——这是当时长寿和重庆地区最大的水电站，为长寿地区提供了急需的电力。

1939 年 10 月，长寿县龙溪河下硐水电站正式开工建设，电站的 4 台 720 千瓦水轮发电机组是从英国和美国订货的，那时越南也被日本侵占，水轮发电组滞留海防港，无法转运回国，水电站面临停建的危险。面对困难，吴震寰主张自力更生制造水轮发电机组，并主动挑起水轮机组的设计、制造任务。他亲自动手设计两台 730 千瓦的水轮机，交由重庆民生机器厂制造，亲临生产现场指导、监制，以保证水轮机的制造质量。

1943 年 12 月，由两台 730 千瓦的水轮机和 1 台 1550 千瓦的发电机组成的下硐水电站第一台卧式水轮发电机组试运行成功。这是当时我国自行设计、制造的容量最大的水轮机组，在我国水轮机设计、制造和水电建设中都是具有开创性的重大贡献，作为重要科技成果被记入《中国科技发展史》，吴震寰被称为"中国现代水轮机设计第一人"。

1940 年 5 月，万县（今重庆万州）鲸鱼口、仙女洞水电站因日军封锁外购美国设备无法运到，吴震寰又为这两个电站分别设计了一套 220 匹马力水轮机和一套 160 千瓦水轮发电机组，解决无设备可装之难，使电站顺利建成。

1943 年 1 月，由爱国民族实业家卢作孚发起，集资建设北碚高坑岩水电站，吴震寰负责水电站的设计与施工。电站没有设备，他亲自动手设计 176 千瓦水轮机和 2 台 160 千瓦发电机，先后于 1945 年 1 月和 5 月投产发电，满足了北碚用电需求。这是当时完全由我国自主设计和制造设备的一个水电站，具有开创性意义。

吴震寰还被聘任为昆明中央机器厂技术顾问，主持设计了一批水轮发电机组，有力推进了我国民族工业的发展，促进了大后方的电力建设。

吴锡瀛：对重庆早期电力建设贡献突出的电力专家

吴锡瀛（1904—1978），著名电力专家，原水利电力部技术委员会委员，西南电业管理局总工程师。长期担任重庆、四川和西南电力工业主管部门总工程师，为电力工业的建设与发展作出重要贡献。2006 年，被评选为重庆"百年电力十大名人"之一。

1932 年 11 月，重庆市政府批准成立重庆市电力厂筹备处，华西公司专门成立电力部负责电厂建设，吴锡瀛任电力部工程师。1934 年 7 月 20 日重庆电厂竣工发电，3 套 1000 千瓦机组年发电量 398 万千瓦时，成为当时重庆和西南地区最大的火电厂。吴锡瀛参与电厂全部建设，电厂投运后，又负责电厂发电和供电

吴锡瀛

运行技术管理工作，为电厂的建设、投运作出了重要贡献。

为提高电力技术业务水平，更好适应电力技术发展的需要，1935 年 6 月，吴锡瀛去英国留学进修，到英国茂伟电机制造公司大学毕业生训练班进修，并到曼彻斯特工业大学选修电气工程。通过专业理论进修和工厂生产实践锻炼，他成为一个精通电力和机械工程，发电供电的设计、安装、检修和运行管理等方面的专业理论水平和生产技能都较高的电力专家。

1937 年"七七"事变爆发后，他毅然中断留学进修，回国参加抗战建设，并将重庆电力公司向英国茂伟电机制造公司订购的两套 4500 千瓦发电机组，同船运回。1938 年 2 月，两套发电机组安装投产发电，使电厂装机容量达到 12000 千瓦，增长 3 倍，成为西南地区最大火电厂。同时，吴锡瀛又主持公司供电网络的扩建，初步建成重庆首个电网，重庆电力公司一跃成为全国一等电力事业单位，为发展重庆经济，支援全国抗战事业作出了重要

贡献。

1949 年 11 月 30 日，重庆解放。吴锡瀛这位爱国电力专家得到党和政府的信任，继续任重庆电力公司总工程师。他组织实施了解放后第一次重庆供电设施大修改造和整治。拆除、整修高低压老旧线路 126 条；更换、调整了配电器和开关 43 台；将 3 个电厂升压变压器送出线路电压统一升压、改造为 33 千伏；先后建成 33 千伏的线路 6 条和变电站 5 座。到 1952 年 8 月，原来 3 个孤立运行的电厂实现了联网，建成了市区第一个 33 千伏统一电网，确保电力安全可靠供应。

在整修、改造中，吴锡瀛都亲临现场指导，对重要工程还亲自操作。南岸大佛寺至江北的跨越长江输电线路，跨距达 1200 千米，铁塔高 60 米，是当时国内少有的大型工程，为保证工程的安全与质量，他亲自操作经纬仪测距定基准指导高塔大跨度线路建设，确保了工程安全优质如期完成。

1953 年起，吴锡瀛主持将原 33 千伏电网改制建设为 35 千伏电网。1953 年建成大溪沟经茅溪至弹子石的第一条 35 千伏输电线路，建成第一座 35 千伏弹子石变电站。此后 35 千伏电网不断发展，到 1957 年，共建成 35 千伏线路 27 条，172.5 千米；35 千伏变电站 11 座，44500 千伏安，重庆 35 千伏供电网络基本形成。许多军工、钢铁、煤矿等大型企业都有了 35 千伏线路供电，大大改善了供电能力和质量。

黄育贤：从重庆走向全国的水电专家

黄育贤（1902—1990 年），著名水电专家，一级工程师，我国水电工程建设的开创者和领导人。组织领导了我国首次长江上游及其支流水力资源的勘测，开创了我国第一个全流域梯级水电站——长寿龙溪河梯级水电站的建设，任长寿水电厂首任厂长。中华人民共和国成立后，历任中央人民政府燃料工业部水利发电工程局局长、电力工业部和水利电力部水电建设总局总工程师等领导职务。2006 年，被评为重庆"百年电力十大人物"之一。

1934 年，为报效祖国，黄育贤从美国回国，开始从事水电开发建设工作。

水电部副部长李锐访美时探望黄育贤

1935 年 4 月，黄育贤率领全国水力勘测队，到四川勘测长江水力发电资源——这是我国西南地区和长江上游第一次大规模的水力勘测。此次勘测结束后，黄育贤立即组织整理、分析技术资料，写出详尽的勘测报告，认为长江上游及其各支流水力资源丰富，均有开发价值，提出了在这些河流上建设水电站的初步规划。报告特别提出长寿县长江支流龙溪河水力资源丰富，且靠近全国军事重镇、西南经济中心和交通枢纽的重庆，开发效益良好，开发尤为迫切。

这次勘测所取得的第一手技术资料和初步规划，为以后长江上游及其支流尤其是龙溪河的水力资源的开发利用，奠定了良好基础，起到了有力的促进作用。

1937 年 1 月，黄育贤又率领龙溪河勘测队，对龙溪河水力资源进行调查勘测。同年 7 月，他提出了在龙溪河下游的狮子滩、上硐、回龙寨、下硐等处建水电站，并在狮子滩建水库的"四级水电开发方案"——这个方案是龙溪河梯级水电工程的第一个"开发方案"。

1950 年 8 月，龙溪河梯级水电被列入《第一次全国水电工程会议决议》中的《中国水力发电第一期工程计划》；1953 年又被列入"一五"计划。水电工程项目。

长寿梯级水电工程是我国第一个全流域梯级水电综合开发工程，具有开创性、示范性的重要作用。周恩来总理评价这个工程："为综合利用四川水力资源，树立榜样，为全面发展四川经济开辟道路。"

1945 年 5 月，全国水力发电工程总处在四川省长寿县成立，黄育贤任总处处长，负责全国水电工程建设的领导管理。这是我国第一个全国性的水电工程领导管理机构。

全国水力发电工程总处成立后的首个任务是筹建"全国水电第一优先项目"——三峡水电工程。1946 年，水力发电工程总处联合多部门写出《三峡水库勘察报告》《三峡库区经济调查报告》《宜昌三峡地质报告》，为三峡水电工程开发建设提供了基础资料。

1949 年 10 月后，黄育贤任燃料工业部计划司水电处处长，负责全国水电工程的计划、规划管理。随后的 16 年间，全国水电工程局和水电建设总局，在全国各条江河上，先后新建、扩建、改建了数十座大中型水电站，新增装机容量 286.88 万千瓦，为 1949 年水电装机容量（16.3 万千瓦）的 17.6 倍，为新中国提供了清洁能源。

张光斗：情系水利水电事业的"当代李冰"

张光斗（1912—2013），著名的水利水电工程学家和工程教育家，中国科学院院士、中国工程院院士、清华大学原副校长。张光斗先后参加长寿龙溪河、万县瀼渡河梯级水电开发工程的设计、建设和长江三峡水电站的前期工作。他曾获多项国际国内荣誉和奖励，被新华社高度评价为"我国水利水电事业的主要开拓者之一"。

2007 年 5 月 1 日，是张光斗 95 岁生日，这一年也是他投身水利水电事业 70 周年。4 月 28 日，时任中共中央总书记胡锦涛亲笔签发了给张光斗的祝寿贺信："从一九三七年归国至今，七十年来，先生一直胸怀祖国，热爱人民，情系山河，为我国的江河治理和水资源的开发利用栉风沐雨、殚精竭虑……为祖国的水利水电事业培养了众多的优秀人才，作出了重要贡献。先生的品德风范山高水长，令人景仰！"

张光斗在国际科技大会上讲话

张光斗从事水利水电事业是从重庆起步的。1937 年冬，他来到重庆，应聘到四川省长寿县的偏远山沟，担任龙溪河水电工程处工程师。到任后，他积极参与这个水电工程的全面规划设计，拟订四级电站的装机容量为狮子滩电站 1.5 万千瓦，上硐电站 1 万千瓦，回龙寨电站 0.6 万千瓦，下硐电站 3.3 万千瓦，共 6.4 万千瓦，并在上游建狮子滩水库。此外还规划了在长寿县长江另一支流桃花溪上建容量为 876 千瓦的桃花溪电站。

方案确定后，张光斗立即组织设计科技术人员，对 5 座水电站进行工程设计，编写设计书，绘制施工图纸等技术资料，做好施工前的技术准备工作。那时工程处的工作环境条件很差，工作生活均十分艰苦，加之张光斗是从美国大学毕业回国后第一次独立承担水电站的设计任务，缺乏工程经验，可谓是困难重重。他虚心学习，边学边干，不辞辛苦，终于按照要求于 1938 年 7 月完成了 5 座水电站的设计任务。

1947 年底，美国联邦能源委员会来华工作的总工程师柯登邀张光斗全家去美，他谢绝了。1948 年底，国民党政府机关纷纷逃离南京，或去台湾，或去广州。他在台湾的同学发来电函，催他去台。他不愿再跟国民党政府走，他说过去他没有参加革命，现在共产党来了，他要留下来从事水电建设。在地下党帮助下，他把真的水电资料保存下来，把假的资料送给资委会转运台湾。张光斗还团结了一批水电工程师投身新中国的水电建设，使中国在经济建设恢复时期能很快着手建造一批中型水电站。

在张光斗与之相伴一生的水利水电事业中，三峡水电工程是他始终牵挂和关注的项目。他是三峡工程的积极支持者，多次建言献策三峡工程早日兴建。1990 年 7 月，国务院召开三峡工程论证会，张光斗等 163 位专家参加论证，推动三峡工程全面启动。

1994 年 12 月 14 日，三峡工程开工建设后，张光斗已是 80 多岁的老人，仍十分关注工程的施工安全与质量。每年都要亲临工程施工现场，查看施工质量。工地人员每次都劝他不要到高空和危险地段去，他坚持说："工人能去，我为什么不能去？"

1999 年，国务院三峡工程建设委员会成立三峡枢纽工程质量检查专家组，张光斗任副组长，肩负着这个"世界一号工程"质量检查把关的神圣职责。他每年两次到工地检查工程质量。除了查阅施工资料、数据，听取施工报告，都要头戴乳白色的安全帽，脚蹬膝盖高的黑色胶靴，奔波在施工现场，爬脚手架，下基坑，仔细检查混凝土的浇筑和金属结构的安装质量，向施工人员了解情况，进行指导。

2000 年末，他为考察工程导流底孔的表面平整度是否满足设计质量要求，不顾 88 岁高龄，硬是从基坑顺脚手架爬到 55 米高的底孔位置，检查底孔混凝土表面的平整度，眼睛看不清，就用手去摸孔壁，掌握第一手资料。当他用手摸到底孔表面仍有钢筋露头等凹凸不平的麻面时，立即在工程质量检验总结会上，坚持要求施工单位修补导流底孔，确保工程质量。张光斗对工程质量一丝不苟，对国家、对人民负责的敬业精神，使在场工程建设人员深深感动。全国政协副主席、中国工程院院长宋健称赞他是"当代李冰"。

许身报国铸忠诚　实干兴企立潮头

烽烟岁月里，舍生忘死的杨如坤、卢会卿等先辈，是被人民盛赞的英雄；电力发展征程中，埋头苦干的杨家虎、张毅、张能瑜等楷模，是无数电力职工追逐的榜样。他们，都是照亮"人民电业为人民"誓言的那束光。

杨如坤：守护民生"能量血脉"的功臣

杨如坤（1890—1987），新中国第一届全国劳动模范、第一届全国人民代表大会代表，

杨如坤

是在工人中最早选拔的厂级领导干部之一。重庆解放前夕，他在大溪沟电厂护厂斗争中作出突出贡献；解放后，又在 3 座电厂的修复、改造、发展中作出重要贡献。1950 年 9 月荣获第一届全国劳动模范称号，出席全国工农兵劳动模范代表会议，受到毛泽东主席等中央领导的集体接见。2006 年，评选为重庆"百年电力十大人物"之一。

在市区供电公司档案展览馆，珍藏着一张照片。画面中，毛主席和周总理与参加第一次全国人民代表大会的代表们亲切合影。站在两位领导人身后的便是在保护电厂、修复电厂和建设电厂中作出突出贡献的全国劳模——杨如坤。

1937年，杨如坤进入重庆电力公司任修配技工，参加了大溪沟电厂两台4500千瓦机组的安装。他钳工技术过硬，修配过多种机器，在锅炉和汽轮机等设备的安装中表现出色，被提拔为修配领班。

1938年起，日军飞机对重庆实施野蛮轰炸，大溪沟电厂成为重点目标。为了保护电厂设备，重庆电力公司决定将大部分发电机组迁于重庆市郊的弹子石和鹅公岩，搬进山洞另建新厂。杨如坤带领大溪沟的修配工人，参加两个电厂的拆卸、装运和安装工作。凭着精湛的技术，他在电厂迁建和修复被日军飞机炸毁的设备中贡献突出，得到职工称赞和上级信任，先后担任大溪沟电厂工务员、技师和修配股副股长。

1949年，国民党逃离重庆时，将电厂列为重点爆破对象。面对敌人的疯狂行径，电力工人们在中国共产党地下组织的领导下，成立武装护厂队与敌人展开了生死较量。以杨如坤为代表的大溪沟电厂工人们用他们的英勇与智慧，在特务的枪口下保全了当时西南地区最大的火力发电厂，守护住了保一方民生的"能量血脉"。

"你们是中华民族的模范人物，是推动各方面人民事业胜利前进的骨干，是人民政府可靠的支柱和人民群众的桥梁。"1950年在9月25日～10月2日召开的全国工农兵劳动模范代表会议上，毛泽东主席的贺词深深地感动、教育、鼓舞、鞭策了杨如坤，他决心更加努力工作，为电力生产建设作出更多、更大的贡献。

1950年12月，杨如坤光荣地加入中国共产党。他按照党员标准，更加严格要求自己，在电力生产建设中充分发挥模范带头作用。

1952年12月，杨如坤被任命为大溪沟电厂副厂长，这是解放后重庆最早从工人中选任的厂级干部之一。他不忘工人本色，坚持深入生产一线，与大家共同劳动，商议生产工作，调查研究，分析原因，及时发现和处理生产中的问题和故障，有时还亲自示范操作，手把手指导培养职工，确保电力生产安全运行。他坚持技术革新，不断改进、完善设备，改善设备运行状况和工人的劳动强度，提高安全水平和经济效益。

杨如坤在电力生产建设中的突出贡献，得到党和政府的信任和人民群众的尊敬。1954年他当选为重庆市人民代表大会代表，并被推选为第一届全国人民代表大会代表，出席了第一届全国人民代表大会。

1957 年 6 月，杨如坤调任重庆电力技校任副校长。那时候，尽管他已是 67 岁高龄，加之多年艰苦岁月的折磨，身体日益衰弱。但是，他仍不顾辛劳，坚持深入生产、教学一线，指导生产班组的电动机、变压器生产；检查、指导校内生产实习教学，亲自为学生和青年教师示范操作，帮助他们提高实习质量和教学质量，把劳模精神、工匠精神和精湛的技术传授给他们，为重庆电力培养出了一批批优秀的人才。

杨家虎：心系百姓的"光明使者"

杨家虎，全国劳动模范，全国五一劳动奖章、国家电力工业劳动模范。原国网重庆市南岸供电局事故抢修队队长，几十年如一日地坚持，竭尽全力为群众排忧解难，呕心沥血处理事故两万多起。

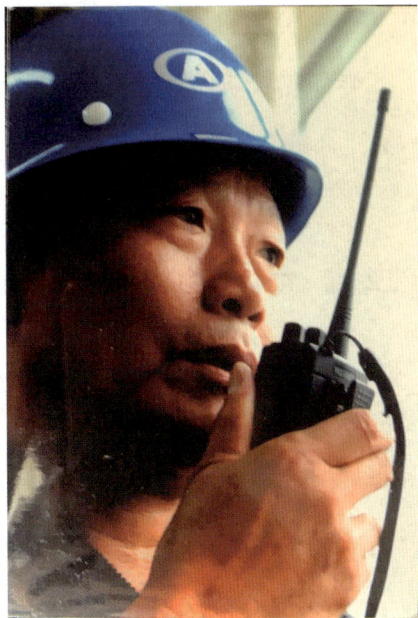

先进模范——杨家虎

"线路受阻，找杨家虎。"在南岸供电局（市南供电公司前身）服务的客户中，这句话深入人心，广为传播，也是杨家虎竭尽全力为群众排忧解难的生动写照。

从 1994 年开始担任事故抢修队队长，到成为南岸供电局配网管理中心副主任，不管在哪个岗位上，电力线路故障抢修工作都是杨家虎关注的主要任务。

南岸供电局担负着南岸、巴南两个区域的工业和民用电力供应任务，其供电线路长达 2400 千米，电力用户 14 万余户。早些年，由于线路设备老化陈旧，线路故障特别多，有时一个月多达数百起。因此，杨家虎所带领的事故抢修队异常忙碌。

遇上供电线路出现故障停电，用户最迫切的希望就是电力维修人员快点来。为了满足用户这一希望，杨家虎经常与当班的抢修队员吃住在队上，随时等待抢修命令。遇到断线、跳闸、烧保险等一般的线路故障，他总能以最快的速度率队赶到现场，常常在十几分钟内就将其修复。

针对供区内点多线长可能同时发生多起线路故障的实际情况，杨家虎将抢修队分成几个施工组，每3人一组，可以同时满足几个故障点的维修需要。十多年来，没有一个地方因为线路故障而长时间停电。

为方便用户及时报告线路事故情况，迅速抢通断线倒杆故障，杨家虎还自找"麻烦"，制作了2000多张名片散发给供区内用户，印上抢修队值班室的电话号码和自己的联系方式，这些号码被用户戏称为"电力110"。他还在南岸、巴南两个区电视台发布相关维修广告，留下了"线路受阻，找杨家虎"的顺口溜。

在南岸供电局抢修队值班室里，收到了许许多多的感谢信和锦旗，这是杨家虎和队员们无比珍惜的荣誉。"辛苦我一人，方便千万家！"他常常这样告诉队员们，也总是这样要求自己。凭借着以身作则和严格管理，他把抢修队带成了一支人人、时时、处处、事事坚持优质服务，特别能战斗、特别能吃苦、思想素质好、工作作风硬的优质服务先进集体，成为服务行业内"让群众满意，让政府放心"的一面旗帜。

张毅：从电力学徒到技能大师

张毅，全国劳动模范，国网重庆市南供电公司高级技师，国务院政府特殊津贴获得者，"中央企业百名杰出工匠""国网工匠"。从事带电作业32年，个人从未发生一起安全事故。依托"张毅劳模工作室"，创立了"10千伏带电作业法"，被业内称为"十佳经典操作法"；首创"山地人工带电立杆法"，编写的《10千伏旁路法不停电作业检修两环网柜之间电缆线路》《10千伏架空线路临时取电给移动箱变供电》，填补了重庆市电力行业这一技术操作理论规范的空白，成为行业操作指导规范。

"我对明亮有一种说不出的喜爱与向往。"张毅说，因为这份热爱，他与电力事业结下深厚缘分。

市南供电公司高级技师的张毅，深耕电力战线 30 多年。从最初的一名线路检修班的学徒工到全国劳动模范，从一线工人成长为技能大师，他的人生也如同所从事的事业一般，时刻带着"光"和"电"。

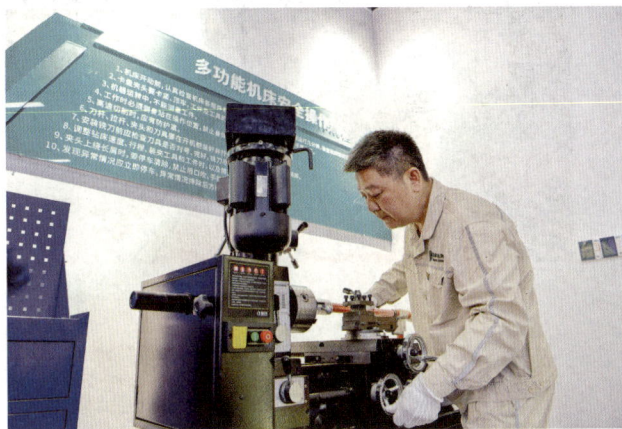

张毅在劳模创新工作室（龚超　摄）

1992 年，张毅进入带电作业班，当时两眼一抹黑，不知该怎么做。每到周末，他都会去新华书店，查找带电作业的书籍，一本一本地啃，翻来覆去地看，一点一滴地学。重庆的夏日如同热辣滚烫的火锅一样，可在太阳最毒的正午，却常常能看到他身着全套绝缘服，戴上三层手套，与螺丝、扳手较劲。整套训练下来，脱下绝缘服与手套，他像是刚从水里拎出来，汗水将皮肤与身上的工作服贴合在一起。一桶凉水，一条毛巾，便是那时候张毅最奢侈的享受。

如今，张毅已成长为重庆市电力行业无人不知的带电作业领域"一把手"。他和自己的团队不仅圆满完成了各项工作任务，班组成员更是人人成为重庆带电作业行业顶尖的技术能手，囊括了重庆市直辖以来全部的带电作业比赛冠军——无论个人还是团队的，多次代表重庆市参加全国和跨地区的各类带电作业比赛并取得优异成绩。他的徒弟中，1 人荣获"全国电力行业技术能手""重庆市十大杰出技术能手"称号，3 人获得重庆市电力公司技术能手称号。2007 年，张毅被评为重庆市"十佳师徒结对优秀师傅"。

"创新是发展的基石。"张毅这么说，也是这么做的。2003 年的一个普通夜晚，张毅忙完一天的工作后回到家里，发现妻子正在缝补他磨破的工作服。他看到针线一圈一圈地缠绕着线轴，均匀又美观，脑子里闪现出的是白天自己在手上绕圈扎线的画面。"如果像针线一样，也给铝线一个线轴呢？"第二天，他将铝线原有的折痕拉直，再取一节直径 2 厘米的管子作为模具，拿拉直的铝线在管子上绕圈。这样做出来的扎线外形像弹簧一样均匀紧密，不会出现抛股、折股的情况。正是这个小发明打开了张毅创新的大门。

2012 年，"张毅国家级技能大师工作室"成立。"这份事业只有依靠一个强大的团队才能可靠地进行下去。"为此，他在工作中总是身体力行，将自己的全部经验与知识都给大家分享，确保班上的每个人都能迅速成长为岗位上的专家能手。工作中先后培育出中华技能大奖、国网工匠、重庆市杰出英才、重庆市技术能手等各类专家人才 60 名，成为劳模先进和专家人才的成长摇篮。

张毅和他的团队（龚超 摄）

张能瑜：翻山越岭的"追电人"

张能瑜，全国劳动模范，国网重庆长寿供电公司四级职员兼渝东南安全隐患排查队队长，张能瑜劳模创新工作室负责人。他和团队负责涪陵、武隆、彭水等渝东南输电线路巡视运行维护工作，共同维护着渝东南片区 3000 多千米输电线路的安全运行；带领安全隐患排查队共排查各类隐患 7000 余起，隐患消除率达 98%，为渝东南电网安全运行扫除"雷区"。

张能瑜在抗冰抢险工作中

在张能瑜的心中，横穿在重庆渝东南片区 3000 多千米的输电线路的安全运行和自己的生命一样重要。

从武警青海总队退伍后，张能瑜进入电力系统工作。2001 年，国家电网主网架首次向渝东南地区延伸，成立武隆巡线

162

站。27 岁的张能瑜主动请缨，成为武隆巡线站站长，负责武陵山区 8 个区县的输电线路巡检工作。

虽名为"巡线站"，却没有"站点"。在张能瑜的眼前，是高耸入云的崇山峻岭。为尽快掌握电路巡查的第一手资料，他身负 20 余公斤的工具包，以砍刀开路，用木棒防身，徒步向大山深处进发。45 天里，他走完 290 千米山路，巡查 587 座输电塔，磨破 3 双胶鞋，顺利摸清线路情况。

在人迹罕至、崎岖难行的山中巡线，除了艰苦的工作环境，张能瑜还常常面临难以想象的危险。一次雨中巡检，他驱车颠簸在泥泞山路上。突然，前方山体出现滑坡，一块巨石滚落下来。危急时刻，他迅速打开车门，一个箭步跃了出去，扑向山体一侧。巨石砸中工程车，滚入深不见底的峡谷。"如果没有在部队的磨炼和训练，我当时不可能反应那么快。"忆及往事，张能瑜感慨道。

"我当过兵，武陵山就是我的战场。哪怕有危险，也要打胜仗！"在武隆巡线站工作的 11 年间，张能瑜带领团队成员巡线里程超过 500 万千米，排查各类隐患 7000 余起。

2006 年 7 月，重庆地区遭遇百年一次的大旱，武隆境内的白马山突发大火，严重威胁渝东南地区电源"生命线"220 千伏涪（陵）武（隆）东西线的运行安全，容易造成渝东南地区大面积失电，直接影响到渝怀铁路的安全运行。张能瑜带着队伍赶到海拔 1500 多米的白马山，用 4 个多小时扑灭山火，构筑了一道电力线路的隔离带。

作为"巡线能手"，张能瑜不忘做好"传帮带"。2012 年，以他名字命名的创新工作室正式成立。他将多年巡线排障经验运用到工作中，与青年员工一起钻研，获得 10 项国家发明专利，把工作室打造成创新的"加油站"。如今，依托工作室，张能瑜带徒传艺、培养的徒弟或学员多达 41 人，这些技术骨干分布在长寿及渝东南黔江、武隆等各供电公司输电专业的各个岗位。

同时，张能瑜组织技术人员围绕生产经营活动中的重点和难点问题进行攻关，在技术领域实现了新的突破，研发了"防坠落登高升降板""跨越平衡杆""地电位螺栓穿进器"等国家专利 8 项，主持承担"输电线路杆塔绝缘子闪络显示装置的研制"等重庆市电力系统科技项目 3 项，在国内核心期刊发表专业技术论文 9 篇，取得重庆电力职工群众科技创新成果获奖 1 项，带领团队获得"全国质量信得过班组""全国电力行业优秀质量管理小组"等荣誉，并发布省部级 QC（品质控制）创新成果 5 项，为公司科技创新工作的开展起到了积极推动作用。

创新报国铸辉煌　勇攀高峰敢为先

近年来，公司落实国家电网有限公司关于加快人才高质量发展的意见，推进渝电英才"三军"（专家人才领军、电力工匠主力军、青年人才生力军）培养计划，发挥专家人才在科技创新、成果创效、价值创造中的引领作用，先后涌现出刘超群、韩世海、肖冀、陈涛、钟加勇等具有代表性的领军人才。

刘超群：带电作业"开拓者"

刘超群，1931 年 12 月出生，重庆北碚人，中共党员。重庆电力公司带电作业班班长，开创了我国不断增加负荷带电作业的先例，促进了全国电力运行事业的发展。1959 年被评为全国劳动模范，之后被破格提升为副总工程师，被誉为中国带电作业的时代先锋。

1958 年 4 月，刘超群领命与 4 名同事一道奔赴辽宁鞍山供电局学习带电作业，掌握了 35～66 千伏线路的 200 余种带电作业工具和操作方法。

半个月后，刘超群学成归来，重庆电业局决定成立带电作业组，由刘超群任组长。随即不到一个月时间，一个考验他们的机会悄然来临，长寿狮子滩发电厂输出的一条 110 千伏的高压线绝缘子被雷击坏。这个紧急任务被交到了刚刚组建完成的带电作业组，110 千伏超越了他们在鞍山的学习范畴，带电组还没有正式上阵，许多工具在试验时就被击穿了。

带电检修得有工具，当时并没有现成的工具，只能自制。不懂就学，刘超群到大溪沟修理厂，学了一个月的"车、钳、钻、磨"等技术活后，开始按照自己画的图纸做工具，功夫不负有心人，终于将检修工具做好。

困难没有把刘超群吓到，他带领作业组成员不断总结改进，用 3 天时间编制了周密的

刘超群在 110 千伏线路上带电作业

作业计划，结果只用了两个小时就成功完成了这次带电检修任务。如果停电检修，至少要花 4 个小时，少送 20 万千瓦时电量。

初次带电作业的成功，鼓舞了大家的士气。仅当年 8～12 月，刘超群与作业组成员一起开展带电作业超过 40 次，为用户多供电 40 多万千瓦时。

为了推广技术，刘超群开始在培训班带徒弟，每个区县抽了 6～8 名电工来学习。同时期，按照上级部门安排，刘超群负责在重庆珊瑚坝办起"云贵川带电作业培训班"。60 名学员，学期 20 天。这批"种子"选手，为西南地区的电力事业作出了重大贡献。

由于组织开展带电作业成绩显著，1959 年 11 月 20 日，刘超群被评为全国先进生产者，之后多次进京参加国庆典礼。1965 年，他作为劳模代表在北京受到毛泽东、周恩来、朱德、邓小平等党和国家领导人的接见。

在刘超群眼里，带电作业客观上说不是创新，是攻关，是攻克尖端问题。1959 年，他开始考虑带电作业能否突破 220 千伏这一新课题。当时，电学理论上说得过去，问题卡在屏蔽服上。他到重庆丝纺厂、织布厂等处寻求支持。经过反复试验，最终确定 40 毫米的铜丝和蚕丝织成的屏蔽服效果可靠。

正式试验前一天，刘超群的爱人还在家里埋怨："带电位作业太危险了，打不死人，也有辐射吧？""我是党员，班长，得带头。你的担心是多余的。"刘超群解释道。

实验当天，面对 220 千伏的高压线，刘超群穿起屏蔽服，钻进绝缘笼，工友用绝缘杆把他送上大型变压器，最终带电作业实验成功。

回忆这段往事，刘超群曾说，"技术攻克，总得有人去试，人家做不来的你要做得来，人家做不好的你要把它做好，才能从技术方面取得突破。"

韩世海：中专生逆袭成为首席专家

韩世海，中共党员，国家电网有限公司首席专家，国网重庆市电力科学院首席信息安全督查师，国网重庆网络安全红队队长，中央企业劳动模范，曾先后获得国务院国资委中央企业职工技能大赛银奖、中央企业网络安全技术大赛一等奖等。带领团队以"极客"的水准和热情守护大电网安全，填补网络信息安全领域的多项空白。

他从一名中专生逆袭成为首席专家，完成从普通工人到守护电力网络安全"极客"的华丽转身。他在没有硝烟的网络战场上较量，发挥自己的光和热，填补新型电力系统网络安全领域的多项空白，成为知识型、技能型、创新型工人的杰出代表。

2000 年，韩世海毕业于重庆电力高等专科学校热能动力专业，并通过了国家软件水平考试获高级程序员证书。工作后，他一边从事电力工作，一边紧跟 IT 技术的发展不断自学，陆续取得了大专、本科和计算机领域工程硕士学位。

2017 年 5 月，一种名为 WannaCry 的勒索病毒肆虐网络。当时，国内多所高校及部分企事业单位受到了影响。韩世海认为，勒索病毒文件一旦进入本地，就会自动删除勒索软件样本，以躲避查杀和分析，还会利用私钥和公钥加密文件，严重威胁电网安全稳定运行。

为此，公司组建了以韩世海为带头人的"护网"团队，守护网络信息安全。他和团队成员连续一周开展头脑风暴，寻找黑客的思维缺陷，通过填补程序逻辑中被忽略的小漏洞完善防御系统，关闭共享服务功能，阻断病毒传播端口，下载系统补丁，修复系统漏洞……团队成员构筑了一道网络安全防火墙，防止了病毒入侵。

国网首席专家韩世海（左一）为团队成员
讲解网络攻防实战案例（李扬　摄）

2022 年冬奥会电力网络保障期

间，韩世海团队发现异常 IP 告警：攻击者对国网重庆市电力公司营销微信系统进行恶意攻击，监测人员第一时间对该攻击行为进行应急阻断。经分析发现，该攻击者还同时对江苏、福建、青海等地 10 余家单位的网络漏洞进行了攻击。

韩世海带领团队迅速对该攻击者发起反制，发现该攻击者为某国一顶级黑客组织，随即上报国家电网有限公司总指挥部，并报送公安部，彻底阻断了该攻击路径，避免了公司遭受更大损失，减少对国家网络安全的威胁。近年来，韩世海带领团队累计发现并认定重大隐患 3 项，发现并上报国家电网首发漏洞 200 余个，为系统内外企、事业单位提供数据应急救援 400 余次。

从中专生到技术能手，从普通工人到网络安全顶尖人才，韩世海参与编制了《电动汽车充电设备可信计算技术规范》等 6 项规范，发表《基于安全态势监测模型的泛终端种类攻击自动识别研究》等 3 篇论文，获得 3 项国家发明专利授权。他钻研电网技术与网络信息技术的融合应用，带领团队填补了网络信息安全领域的多项空白，用"0"和"1"的二进制计算机基础语言在无声战场上筑牢电网网络安全防线。

对于培养自身成长的平台，韩世海始终怀着一颗感恩的心，他曾放弃国内某知名信息网络企业的高薪聘请。在工作中，他把"传帮带"作为己任。2018 年，国网重庆市电力科学院成立了韩世海工匠工作室，他将自己的工作经验毫无保留地传授给工作室成员。工作室两名成员参与了公司"基于流量的被动漏洞挖掘技术"等试点工作，逐渐成为独当一面的工作能手。近年来，韩世海工匠工作室累计向公司输送"尖兵部队"队员 2 名、"信息红队"队员 5 名。2021 年，工作室成员代表重庆市电力科学院参加"巴渝工匠"杯技能竞赛，获得个人第一名和团体第一名。

肖冀：扎根一线创新创效的计量专家

肖冀，中共党员，国家电网有限公司首席技能专家，国家注册计量师，正高级工程师，国网重庆电力首席专家（肖冀）工作室负责人，曾获得"全国电力行业技术能手"等荣誉

肖冀

称号。执业 20 多年，他带领的科研团队，参与编写了 28 项行业（企业）标准，累计获得国家授权专利 63 项，发表论文 60 篇。

工作冲在前，守好精准计量关，是肖冀的工作常态。他从事电力计量工作 20 多年来，先后前往北京、河南、四川、湖北等地完成疑难故障诊断及消缺、现场检测等任务，哪里有计量工作需要，哪里就有他的身影。漂泊的工作生活，让长期奋战在计量检测一线的肖冀，被同事们亲切地称为计量"电漂人"。在追逐梦想的路上，肖冀用实际行动彰显了新时代工匠精神。在他眼中，国家电网的计量工作，事关千家万户和无数家企业。作为一名专业人员，他希望用自己的努力和科研成果当好计量检测战场的"守门人"。

在日常工作中，肖冀发现电能表状态检验技术存在效率低等问题，但一直没找到好的改进方法。2011 年 1 月的一天，肖冀在观看电视节目时，发现大数据技术已成功运用到电气测量领域。他灵光一现，想到也可以用大数据技术来提升电能表状态检验效率。在具体研发过程中，他发现电能表状态检验技术的难点在于设备类型和安装环境的多样性，如果能将这些数据放在一个数据库里，作业人员就可以根据现场情况从数据库里选择解决方法。随后几年时间，肖冀和团队成员分工收集各种型号的计量设备相关参数，从覆盖电能表运行全寿命周期的历史数据、运行数据、故障、配置、安装环境、电网运行环境等多个维度选取状态评价指标，搭建计量数据库，研究基于模糊综合评判的电能表专家决策模型。经过近 10 年的创新研发，研发出了"异构数据挖掘与融合的电能表状态检验关键技术"，使运行电能表故障及时处理率提高了 78.6 个百分点。2020 年 7 月，该技术获"重庆市政府科技进步二等奖""国家电网有限公司职工技术创新二等奖"。2022 年 1 月，肖冀被授予国家电网有限公司"首席专家"称号。

肖冀在攻克计量专业相关技术难题的同时，还发挥"传帮带"作用，努力培养计量专业高技能人才。近年来，参与编制 23 种计量专业培训教材，为国网重庆市电力公司培训计量专业员工 1000 余名。

陈涛：同事眼中的"技术狂人"

陈涛，国家电网有限公司首席专家，国网重庆市电力科学院首席系统运行分析专家，正高级工程师，曾获国家电网有限公司劳动模范、国家电网有限公司优秀专家人才、重庆青年岗位能手等荣誉。牵头建成重庆市重点实验室 2 个，获得省部级科技进步奖 9 项、省部级荣誉 10 项，取得国家专利授权 23 项，参与省部级项目 24 项，发表科学引文索引论文、工程索引论文等 25 篇。

在电网系统运行分析专业深耕 30 年的陈涛，先后从事过系统分析、现场调试、电网规划、智能化、数字化等方面工作，善于解决复杂系统工程和多目标博弈技术问题。

在同事们眼中，陈涛是解决具体问题的"技术狂人"。多年来，她带领重庆市电力科学院电网仿真分析技术团队——"护网先锋"团队，立足电网发展需求，不断发现问题、解决问题，护航重庆电网安全运行。

陈涛及其团队（李杨　摄）

2021 年 5 月，陈涛带领团队基于历史数据和规划数据，定量分析重庆电力系统碳排放现状，提出应对转型瓶颈的合理举措。最终，陈涛团队高质量完成了"'双碳'背景下重庆电网发展路径研究报告"，为重庆电网发展提供智库支撑。

2021 年 6 月，在能源转型的背景下，传统的机电暂态仿真模型已不能适应电网仿真需求，需要搭建特高压及新能源场站全电磁暂态仿真模型，以完成特高压及新能源适应性分析专项任务。面对挑战，陈涛及其团队再次迎难而上，决定吃住实验室集中闭关 23 天，针对特高压及新能源的适应性进行专业技术攻关，每天开展重庆电网全电磁建模和分析，并不断改进、提升。

经过持续探索和实践，陈涛及其团队攻克了重庆电网相关的特高压直流、风电场、光伏电站建模的技术难点，建立了重庆电网源网荷储全电磁暂态典型模型，为电力电子化背景下的电网故障仿真、风险评估及应对奠定了坚实基础。

工作中，陈涛保持与时俱进的学徒心态，不断提升自己的技术水平。她勤于钻研、敢于担当的精神也影响带动了团队成员一起进步。在 500 千伏铜梁变电站新增 4 台动态无功补偿装置（SVG）项目建设初期，陈涛团队经过深入分析，创新性地提出了基于大容量 SVG 的川渝断面输电能力提升方案，积极与设备厂家开展详细仿真建模，试验检测控制策略，分析投运风险等，为铜梁变电站 SVG 的顺利投运及电网安全运行提供了重要技术保障。2022 年夏季，重庆高温干旱极端天气期间，铜梁变电站 SVG 保持安全稳定运行，保障了川渝断面输电能力。

多年来，陈涛带领团队大胆创新，提出传统分析方式与人工智能分析相结合的方法，深挖数据价值，高效应用模型算力，搭建了电网运行分析的新算法模型并取得良好的效果。目前，陈涛团队成功引入数据驱动方法并应用于团队首创的衍生潮流计算模块中，提高了计算分析的效率。

钟加勇：推动数字技术与电网生产深度融合

钟加勇，国家电网有限公司首席专家，国网重庆市电力科学院首席电网数字技术专家，正高级工程师。带领团队牵头承担"能源领域工业互联网赋能与公共服务平台建设"等 3 项国家级项目研究；获得省部级科技进步奖 8 项，获得国家发明专利授权、国家实用新型专利授权共 33 项；发表工程索引（EI）论文 14 篇，参与编制行业标准和国家电网有限公司企业标准 22 项，出版专著 3 部。

钟加勇是一名电网数字技术专家，深入挖掘电网设备全寿命周期数据价值，通过数字技术综合应用打造电网数字赋能体系，提升电网对源荷储互动的支撑能力和资源配置能力，善于打造一支既懂技术又懂业务的专业团队，为新型电力系统建设贡献力量。

钟加勇

2020 年 10 月，丰都县启动清洁能源"可观、可测、可控"示范项目建设。钟加勇带领技术团队承担了该项目的技术支撑与应用指导工作。他和团队成员走遍丰都县 30 个乡镇，察看风电场、分布式光伏项目等应用场景，开展清洁能源类型、规模及分布等实践调研。

丰都县农村区域较多，光纤铺设成本太高，不便于后期维护。钟加勇建议借鉴公用互联网领域的案例，采用"软加密＋无线传输"方式。随后，他组织开展 36 次数据安全性、传输延时、传输稳定性等专项测试，建设高可靠性能源数据"采、传、存、用"体系。

2021 年 11 月底，钟加勇又牵头完成边缘计算终端和 App 开发，解决了设备运行状态感知、边缘侧智能分析及控制策略快速下发等方面的技术问题，为该县"零碳"电力供给和清洁能源示范基地建设提供了有力支撑。

随着新型电力系统建设的推进，清洁能源电量占比逐渐增大。2022 年初，钟加勇团队又开始基于数字孪生的分布式光伏发电集群主动消纳模型与控制技术研究，牵头开发了清洁能源全链条数据分析平台，并在丰都县等地应用，实现清洁能源发电机组现场运行状态全面、准确、实时远程监控。

2023 年 4 月，由钟加勇牵头实施的"综合能源互联与时空智能协同运行关键技术及应用"通过重庆科技成果转化促进会的评审。评审专家对项目提出的多域异质能源互联互通、供需时空协同节能降碳等技术方法给予了高度评价。

钟加勇从事电网信息化与数字化专业 10 余年，现为 IEEE PES 电气设备在线监测与故障预警技术委员会副秘书长、全国电力系统管理及其信息交换标准化技术委员会委员，先后参与国家电网有限公司"新型电力系统数字技术支撑框架设计"等项目，牵头编制国网重庆电力物联网信息模型规范等技术标准和国网重庆电力"十四五"电网智能化规划、"十四五"能源互联网规划等，助力国家电网有限公司顶层设计成果在重庆落地实施。

青春报国铸未来　不负韶华传薪火

电力系统的青年后备军，生逢其时、重任在肩，施展才干的舞台无比广阔，实现梦想的前景无比光明。只要保持永不懈怠的精神状态、永不停滞的前进姿态，勇立时代潮头，争做时代先锋，一定能用青春和汗水创造出不负时代、不负韶华的新业绩。

何涛：研发重庆首架喷火清障无人机的"飞行专家"

何涛，永川供电分公司永能智能运检分公司智能巡检班无人机技术员，工程师。利用业余时间研制、改造电力巡检无人机，消除电力安全隐患，先后获得国家专利7项，参与修订国家行业相关标准2项，获得"全国五一劳动奖章""重庆市五一劳动奖章""巴渝工匠""重庆市技能大师"等称号。

2015年，永川供电公司购置了第一台四旋翼无人机，开始筹备无人

何涛用无人机开展巡视（朱芳　摄）

机作业班，何涛毅然递交了申请书，离开机关来到一线工作。正是这个选择让他把自己多年研究航模飞行器的爱好，真正和工作结合到了一起。

2016年的一天，一条110千伏输电线路被空飘物缠绕，处理难度大，检修人员感到头疼，何涛也被这个难题困扰。"能不能把火焰喷射器装在无人机上，对线路异物进行带电清除？"看电视时，战争片里的火焰喷射器让何涛突然有了灵感。不过，在无人机上安装喷火装置的奇思妙想，在全行业内并无先例。

说干就干。经过 1 个多月的反复研究和试验，何涛带领团队自主研发的四旋翼喷火清障无人机问世，这也是重庆市首架喷火清障无人机。但何涛并不满足于此。不久，第二代六旋翼喷火清障无人机问世，载重、续航时间均大幅提升。他继续改进，第三代、第四代喷火清障无人机相继诞生并投入使用。

"想让无人机喷火，先得弄懂飞行原理、机电知识、内燃机知识；市面上的配件满足不了需求，就自学车床、铣床操作；后来手工加工精度不够，就开始学数控加工；数控加工需要画图，我又学了建模……"何涛觉得，"喜欢一件事就会不由自主地被一股力量推着不停向前走。"

随着名气越来越大，何涛也凭着无人机"飞"出了"圈"。2019 年 2 月 22 日凌晨，何涛受重庆市公安局委托，协助武隆警方在武隆山区密林中成功追捕犯罪嫌疑犯。同年 5 月，他被重庆市永川区人民武装部特聘为无人机教练，参与城市人民防空演练，训练无人机民兵排，并创新自制了无人机网枪发射器、无人机拦截网等反无人机装置，在演习中成功捕获并摧毁非法无人机。新型冠状病毒肺炎疫情发生以来，他已承担社会应急救援任务 28 次，培训消防队员 115 次。

在何涛带动下，永川供电公司智能巡检中心无人机作业班的 16 名"飞手"都拥有职业资格证书，38 台搭载红外热成像、30 倍光学变焦等装置的巡检无人机，助力输电线路巡检业务效率提升了 5 倍，降低运维成本 900 万元。

"无人机是我毕生的热爱，可以的话，我想一直'玩'下去。"何涛说。

文承家：穿梭在崇山峻岭中的"电网飞行侠"

文承家，超高压公司输电智能运检班班长。2022 年迎峰度夏期间，带领班组开展监控值守 40 余天，保障了极端高温期间重庆供电安全，获评防山火有功班组。组建无人机维保团队，建成重庆地区首个无人机维保中心。先后获重庆五一劳动奖章，重庆市能源工会无人机作业技能竞赛个人一等奖，入选国家电网有限公司"青年人才托举工程"计划（技能类）。

2011年7月，文承家从四川大学电气工程及自动化专业毕业后，分到超高压公司。望着高耸入云的铁塔，文承家心里也产生过恐惧。为了更快地掌握检修技能，他多次主动要求去现场，去塔上学技能。刚开始干地勤工作，连绳结都打不好，被塔上师傅一顿批评，他"硬着头皮"不断虚心请教、上网查视频，掌握了10

文承家

余种绳结打法。只要一遇到在检修现场不会的工作，他就去钻研，一个个问号在登杆爬塔、走线、组塔放线的磨炼中逐步消除。在一年多时间里，就脱颖而出成长为一名熟练检修工，到2013年，他已能独立承担在220千伏学梅线更换导地线防振锤工作。

为适应电力事业的发展，公司从2014年开始试点直升机、无人机和人工协同巡检新型模式，文承家被选为重庆地区首批无人机巡检"飞行员"，到山东学习无人机电力巡检技术。通过刻苦训练，他成为同批次学员中唯一一名"机长"飞行员，掌握了多旋翼、直升机、固定翼无人机等10余种机型的操作技能；结合之前的输电运维和检修工作经验，他起草编制标准化作业指导书（卡）6本；他创新提出双U型巡检方法被收入《输电线路无人机巡检技术》一书中；带领团队先后夺得2016年重庆市电力公司输电线路无人机巡检技能观摩竞赛团体第一名、全国输电线路无人机巡检技能观摩大赛团体二等奖；2019年带领班组圆满完成三大直流大功率运维保障、"2019中国国际智能产业博览会"等20余项重要保电任务。

在无人机实用化、无人机巡检安全等方面，文承家勤于思考、大胆革新、勇于实践并取得了多项科技、科研成果。他带领班组主动承担线路本体设备及通道树竹巡检安全责任，以无人机巡检为载体推动公司向"输电智能巡检"迈进，采用导线"扫描"式自主巡视无人机提升故障巡视效率；总结出"面包切片"创新工作法，攻克了电池充电管理等无人机应用瓶颈，让无人机巡视时达到完美工作状态；自主研制"无人机喷火清障装置""无人机智能充电装置"和"无人机巡检移动作业装置"等 10 余项创新成果并转化应用，多次获得"重庆市质量协会优秀 QC 成果"称号，带领的班组获得"全国优秀质量管理小组"；创新开展电缆终端塔双光巡检，成功实现无人机"跨界"应用；国内首创"智能双摄自动巡检技术"，实现特高压直流输电线路远距离自主巡检。

徐颖雪：把激情梦想"耕种"在电网沃土上

徐颖雪，送变电工程有限公司变电建设分公司项目经理。自 2016 年参加工作以来已先后参与了 5 座变电站工程建设，争当砥砺前行的建设者、"工匠精神"的践行者、勇挑重担的实干者、创新作为的奋进者，先后获国家电网有限公司"优秀共青团员""劳动模范"，重庆市总工会"劳动之星"，重庆市能源工会"最美产业工人"等称号。入选中华全国总工会第十八届执行委员会委员。

徐颖雪

2019 年 9 月 8 日，她和同事冒雨前往 500 千伏金山变电站土建施工现场验收时，踩进了回填土的泥潭里，同事一把拉住她才没摔倒。但徐颖雪的筒靴却拔不出来了，最后只好光脚走回了项目部。"晴天一身灰，雨天一身泥；跌倒了，爬起来再干！"她说："钢筋水泥混凝土，我的青春我做主。"通过几年的摸爬滚打，她的业务技能迅速提升，扎实掌握了施工方案编制、现场技术管控、科技创新、绿色施工等技能，短短几年便成长为送变电公司第一位女项目经理，创新成果获得多项实用新型专利。

2019 年 5 月，500 千伏明月山变电站投运前夕，跨专业的新投异动手续办理成为一道"拦路虎"，徐颖雪二话没说认领下了任务。线路专业知识不熟悉，她就"死皮赖脸"地向线路专家们反复求教；异动示意图不正确，她就抱着笔记本电脑"软磨硬泡"在值班员办公室里，一笔一画地修改直到精确无误。炎热的山城初夏，她每日奔走于涉及手续办理的数个单位，几乎是汗水流干、口水费干，最终啃下了这块硬骨头，500 千伏明月山变电站工程按期竣工投运，并于 2020 年获得国家电网有限公司"优质工程金奖"。

500 千伏金山变电站是国内首座 500 千伏全户内"吊脚楼"变电站，在该变电站工程建设中，徐颖雪第一次担任了技术负责人。面对变电站结构错层布置，层间高度达 13 米的挑战，她反复查阅书籍规范，验算荷载，编制满堂脚手架施工方案，安全技术交底、现场监督指导更是亲力亲为，工程施工得以安全推进。结构构件截面积大的特点对主体混凝土施工质量提出了更高的要求，她摸索调整了混凝土浇筑顺序，明确控制要点，施工高峰期更是日夜颠倒地通宵值守，确保成型质量。2022 年底，500 千伏金山变电站获得中国建筑行业的最高奖项——鲁班奖。

1000 千伏特高压铜梁变电站是重庆地区第一个特高压变电站，徐颖雪担任了这个工程的项目副经理。"铜梁 1000 千伏特高压变电站总占地面积 17.57 公顷，相当于 24 个足球场。除了更大的建设规模，特高压变电站还面临更严格的质量要求和更细致的管理要求。就拿平场阶段的回填土来说，分片分层碾压，回填颗粒直径不大于 300 毫米，每层至少碾压 8 遍。以前建设 500 千伏变电站的经验拿到特高压变电站并不能完全适用。"面对新的挑战，习惯凡事多想一点，提前准备一点的徐颖雪，加班加点着手为变电站主体结构施工做准备。

黄沙百战穿金甲，不破楼兰终不还。从现场技术员、质量员到总工程师、项目经理，徐颖雪在一个又一个项目中流转坚守，从未退缩。她说："电力工程建设是我一辈子的事业。不管走多远，我都不会忘记自己的梦想。"

李薨：勇于尝试，实现从零到一突破的数智巡检专家

李薨，市区供电分公司输电运检中心数智巡检班专家工程师。作为输电中心群创工作室带头人，累计获得创新创效省部级奖励 11 次，地市级 5 次，专利第一人 1 项。先后荣获国家电网有限公司青年岗位能手、国家电网有限公司青年托举人才、重庆市电力公司青年岗位能手、数智巡检专家工程师、市区供电分公司二星工匠等称号。

李薨

"巡检的路从来没有坦途，只有像野生动物一样，爬上爬下。"李薨说，巡检工作基本上都在野外，环境都是比较恶劣的，在高山茂林之中，大多数地方是没有路的，只能自己开路，蹚水，越坑。野外作业有时候会遇见捕兽夹，还会遇到野猪。

220 千伏胜双南北线的第 51 号塔，给李薨留下了深刻印象，至今难以忘怀。那个位置，坡度在 70°～80° 之间，光滑的山石，巡检人员必须攀登上去，背着包包和工具，手脚并用爬上去。没有路，携带的锯子顺便就拿来当开路的工具了。更困难的是下山没有路，完全是屁股着地滑下来的。

随着数字化的运用，李薨和同事利用无人机搭载巡检、通道可视化监控等新技术新设备，巡检再也不用那么狼狈了。李薨说，现在的无人机搭载了多种专业设备，最常用的是搭载激光雷达，通过雷达扫描传输回来的数据，进行分析、建模，就可以还原现场，得到障碍物的位置。目前公司已经形成了以输电全景监控中心为核心的决策指挥模式，实现数据收集、分析研判、工单驱动、现场处理、信息反馈的闭环管理。在这种集数据中心、指挥中心、决策中心为一体的模式下，团队管理和运维效率、质量大幅提升。

同时，作为输电中心群创工作室带头人，李薏组织团队成员依托输电数字化转型等场景，努力探索、勇于尝试，创造性开展技术革新，累计获得创新创效省部级奖励 11 次，地市级 5 次，专利第一人 1 项；先后 20 余次为公司运检、营销、调控、后勤、物资、保密等专业人员"传经送宝"，并多次担任公司培训竞赛评委专家和全国电力行业青年培训师、电网可靠性等省部级竞赛专业教练，均获得较好成绩。

"困难的背后是机遇，努力的背后是收获。"李薏说，作为年轻人一定要敢想，不要固定于自己原有的工作模式，要站得更高，跳出舒适区去思考；要夯实自己的技术技能基础，随着从零到一突破的输电数字化转型，不管是程序编写还是阅读，包括无人机的拓展应用都需要提升个人的技术技能；要敢于创新，去做一些小尝试，慢慢地将小尝试小创新汇聚成一个大的成果，做出更好的成绩。

杨雯雯：推动电网高质量发展奉献青春力量

杨雯雯，共青团十九大代表，送变电公司党委党建部副主任、团委书记，"特高压精神下的匠心化输电""蜂鸟文化无人机班组""青诉"公众号等特色团青品牌创建者，曾获中央团校 2020 年度基层组织团干部进修班优秀学员、2021 年度"重庆市优秀共青团干部"。

"作为重庆电力的基层团干部，我必将以高度的责任感、使命感、光荣感参与大会，以更强的担当、更高的标准、更大的作为，为推动电网高质量发展奉献青春力量。"在 2023 年 6 月召开的中国共产主义青年团第十九次全国代表大会上，团十九大代表杨雯雯在发言中这样说道。

2021 年，河南郑州等地遭遇历史罕见强暴雨，电力设施受损严重。公司组建援豫抗洪救灾红岩共产党员服务队，杨雯雯第一时间报名。"到了郑州才发现，我是公司服务队里唯一的女性。"杨雯雯说，受领任务后，服务队昼夜不停地投入到抢修电力设备设施工作中，争分夺秒复电。队员不停地干，杨雯雯就不停地拍摄、写稿、剪辑，竟然忙得 48 小时没有合眼。

杨雯雯

2022 年，重庆疫情、火情、旱情"三情叠加"，尤其是多处山火，给公司负责运维的线路带来了严峻的"烤"验。杨雯雯牵头成立青年突击队，开展"战高温、防山火、保供电"专项行动，对 500 千伏线路执行三级网格化值守，设置 10 名线长、15 名段长、719 名塔长 24 小时不间断巡视；青年突击队出动 3299 人次对 5028 基输电线路杆塔执行联合保电巡查，覆盖率达 100%，累计发现并处置火情 52 处，全力保障重庆电网安全稳定运行。

金山变电站争创鲁班奖、500 千伏永川变电站、500 千伏金明线等重点项目，到处都有她参与组建的 20 多支青年突击队的身影，并创建出"特高压精神下的匠心化输电""蜂鸟文化无人机班组"等一批特色团青品牌。同时，杨雯雯还创新青年培养模式，组织开展"90 后"劳模讲堂，分享传播新时代奋斗者的成长故事；参与策划打造了公司团校第一期技术培训班"黄葛树"青年技术实训营，服务 32 家基层单位 200 余名青年技术人员成长成才；组织开展安全顺口溜编写、安全漫画创作工作，完成安全漫画 300 幅，编写教材 3 部；创建"青诉"公众号，搭建青年学习交流的桥梁。

作为基层团干部，杨雯雯始终致力于做青年员工的知心人、青年工作的热心人、青年群众的引路人，团结带领广大青年努力超越、追求卓越，让青年的青春理想在奋进中开花结果。

后 记

红岩精神放光芒，万家灯火不夜天。

初心如磐，行千里而不息。本书通过典型事例，系统挖掘了体现老一辈无产阶级革命家、共产党人、革命志士和广大重庆电力人的"坚如磐石的理想信念、和衷共济的爱国情怀、不折不挠的凛然斗志、坚贞不屈的浩然正气"的故事，让我们更加深刻地理解了红岩精神的内涵和价值，更加深刻地认识到"红岩精神 电力传承"的使命和担当，这是一笔弥足珍贵的精神财富。

使命如光，致广大尽精微。在编写过程中，我们一次又一次地为书中的人物和事件所打动。他们心系党和国家，热爱电力事业，日复一日守护着万家灯火。他们牢记初心使命，真诚为民服务，展现出重庆电力人良好的精神风貌和真挚情感，形成的独特魅力，具有强大的磁场效应。进入新时代，我们要大力弘扬红岩精神，上接"国之大者"，下连"千家万户"，只争朝夕，担当作为，加快电网高质量发展，奋力谱写党的电力事业新篇章。

最后，感谢所有给予我们帮助和支持的人，是你们的支持，让我们走得更加坚定。由于时间和水平所限，本书难免存在疏漏或不足之处，敬请读者批评指正。让我们一起继续努力，为重庆电力事业的发展贡献自己的微薄力量。

编 者